옆집 사장님은 어떻게
건물주가 되었을까

이창헌(돈깨비) 지음

옆집 사장님은 어떻게 건물주가 되었을까

적은 돈으로도 시작할 수 있는 건물주 플랜

필름

책을 보며 느낀 게 있다. 내가 이 책을 진즉에 만났더라면 골병들며 장사에만 빠져 살지 않았을 것이다. 이 책은 자영업자가 어떻게 건물주가 될 수 있는지를 현실적이게, 또 생생하게 보여준다. 건물 투자나 부동산을 처음 접하는 이들에게 든든한 나침반이 되어줄 것이다. 저자가 제시하는 로드맵을 차근차근 따라 하면 어느새 건물주가 되어 있을 것이다.

_ 강호동 대표, '㈜장사는 건물주다' CEO, 《레버리지 서클》 저자

진짜 해본 사람이 쓴 글은 다르다. 어렵지 않다. 쉽게 이 야기 한다. 그래서 나도 그를 통해 건물주가 되었다. 그를 만 나 1년 동안 배운 게 이 책에 모두 담겨 있다. 나와서는 안될 책이 나와버렸다. 지도인 줄 알았지만 내비게이션이었다. 내 비게이션인 줄 알았지만 운전 기사였다. 그대로 실행하면 수 년을 단축시킬 수 있다. 확장판이 나오기를 반드시 기대해 본 다. 진짜 해본 사람의 이야기를 믿어라. 당신도 충분히 건물 주가 될 수 있다.

_ 장사 권프로 권정훈 대표,《처음 하는 장사 공부》저자

"언젠가 나도 건물주가 되고 싶다." 수많은 사람들이 꿈꾸지만, 그 꿈을 실현하는 이는 소수에 불과합니다. 이 책은 그 소수의 영역을 다수로 확장해 주는 실전서입니다. 이 책은 단순한 부동산 투자 가이드가 아닙니다. 이 책의 저자는 '월세를 받는 사람과 내는 사람의 차이는 곧 인생의 구조적 차이'라는 통찰에서 출발해, 건물주의 세계를 현실 가능한 전략으로 설계해 줍니다. 월세의 가치, 레버리지의 원리, 건물 투자 시 꼭 알아야 할 제도적 지식과 실전 플로우까지, 투자 초심자가 부딪힐 수 있는 수많은 장애물을 미리 제거해 주는 '지도' 같은 책입니다.

무엇보다 이 책의 진가는 5장에 담긴 생생한 사례들에 있습니다. 소자본으로 시작해 성수, 방배동, 서교동, 북창동의 건물주가 된 자영업자들의 이야기는 단순한 성공 스토리가 아닙니다. '절실함'과 '실행력'이 결합했을 때 어떤 결과를 만

들어내는지를 증명하는 살아있는 증거들입니다. 특히 족발집 사장님, 미용실 사장님, 곰탕집 사장님 등 평범한 일상을 살아가는 사람들이 비범한 자산가가 된 과정은 누구에게나 동기를 줄 수 있는 강력한 메시지입니다.

대한민국에서 더 이상 월급만으로는 자산을 만들기 어려운 시대입니다. 그렇다고 무작정 부동산에 뛰어드는 것도 위험합니다. 이 책은 '준비된 도전'을 가능케 하며, 독자에게는 더 이상 "나도 언젠가"가 아닌 "지금부터 무엇을" 해야 할지에 대한 구체적인 로드맵을 제시합니다.

자산 불평등의 피라미드에서 벗어나고 싶은 모든 사람에게, 이 책은 가장 현실적이면서도 희망적인 출발점이 될 것입니다.

_박용후 대표, (주)카카오 전 홍보이사,
(주)우아한형제들 전 홍보이사,《관점을 디자인하라》저자

목차

4장. 건물 매입 실전 매뉴얼

5장. 건물주가 된 사장님들

절실함은 현실을 초월한다

처음 알게 된 부동산의 매력

아버지는 56년간 자영업자였다. 16살에 국수 배달하는 일로 시작해 음식점에 식자재 납품까지 도맡을 때도 낡은 자전거가 오토바이로 바뀌었을 뿐, 아버지는 72살까지 배달 일을 쉬지 않으셨다. 어머니는 아버지가 벌어온 돈을 허투루 쓰지 않고 악착같이 저축하셨다.

우리 가족에게 첫 집이 생긴 건 초등학교 2학년 때였다. 부모님은 그동안 모은 돈으로 14평 작은 단독주택을 장만하셨다. 어린 나는 집주인 아들과 더 이상 신경전을 벌이지 않고 마당에서 놀 수 있다는 것에 안도감을 느꼈다.

이후 이 집을 매각하는 경험은 내 인생의 커다란 전환점이 되었다. 어느 날 낯선 사람들이 찾아와 우리 집을 사고 싶다고 제안했는데 20대 초반의 나는 제시된 금액이 적정한지 판단할 수 없었다. 정보가 필요했고 처음으로 동네 부동산 문을 두드렸다. 그때의 기억이 아직도 생생하다.

당시 주변 시세는 평당 3천만 원이었다. 우리는 급하게 팔아야 할 이유가 없었기에 처음엔 거절했었다. 하지만 그들은 하루가 멀다고 찾아왔고 올 때마다 부르는 금액이 높아졌다. 결국 평당 5천만 원 이상까지 올라간 금액에 집을 팔게 되었는데, 나중에 알고 보니 이 지역에 퇴계로 CJ 건물을 짓기 위해서 시행사가 땅을 사들인 것이었다.

집을 팔고 나니 머리를 한 대 맞은 것 같았다. 부모님이 평생 노동으로 번 돈보다 집을 한 번 사고팔아 번 수익이 더 컸기 때문이다. 그 순간, 대학생인 내가 당장 많은 돈을 벌 수는 없겠지만, 적어도 부동산을 공부해 자산은 불릴 수 있겠다는 생각이 들었다.

그렇게 자연스럽게 부동산을 공부하기 시작했다. 관심을 두자, 그동안 지나쳤던 뉴스가 귀에 들어왔다. 서울 아파트 가격이 연일 오른다는 소식에 우선 아파트로 이사하는 계획을 세운 뒤 무작정 부동산을 돌아다녔다. 문전박대하는 소장님들도 많았지만, 어린 나이에 대견하다며 자세히 지역 호재를 설명해 주는 분들도 있었다. 그렇게 나는 몇 달간 임장을 다니며 용어와 시세를 익혔고, 저녁마다 부동산 커뮤니티 글과 뉴스, 호재를 검색했다.

그러던 중 나는 성동구 벽산아파트 23평이 1억 7천만 원에 급매로 나온 것을 발견했다. 하지만 현금이 부족해 대출이 필요했는데, 아버지는 "남의 돈을 빌려 쓰는 건 무서운 것"이라며 아파트 가격이 내려가면 어떻게 감당하냐고 걱정하시며 반대하셨다. 나는 어머니와 함께 며칠간 아버지를 설득한 끝에 500만 원을 깎고서야 겨우 도장을 받을 수 있었다.

부모님은 처음으로 대출을 받고, 아파트에 살게 됐다. 이렇게 따뜻하고 깨끗할 수가 없었다. 더 이상 겨울이 걱정되지 않았다.

초기 성공이 만든 부동산 투자 확장 전략

1억 6,500만 원에 매입한 아파트가 금세 2억 원에 도달했다. 꿈만 같았다.

부동산에 더욱더 흥미를 느끼던 차에 아버지와 사촌들이 오래전 매입했던 임야를 팔고 싶어 한다는 이야기를 들었다. 문제는 그 땅이 충남 당진의 도로가 닿지 않는 맹지라는 것이었다. 전화한 부동산에서는 평당 4만 원도 힘들다고 했고, 나는 좀 더 알아보고자 직접 내려가 인근 부동산을 전부 다 돌기 시작했고, 몇 달 후 우리는 그 땅을 평당 8만 원 이상에 팔았다.

땅을 매각한 돈이 들어오자 더 큰 도전을 하고 싶었다.

3년간 살았던 아파트는 그사이 2배 가까이 올라 있었고, 우리는 지금의 아파트와 땅을 매각한 돈을 합쳐 더 큰 아파트로 옮기기로 했다. 그렇게 약 5억 원에 성동구에 40평대 아파트를 매입했다. 무려 방 4개에 정남향에 한강도 (살짝) 보였다.

20대에 부자가 된 것 같았다. 부동산에 대한 자신감도 하늘을 찌를 만큼 커졌다. 머릿속에는 온통 부동산 생각뿐이었고, 지나가다 부동산이 있으면 무조건 들어가 좋은 물건을 물어보는 게 일상이 됐다.

몇 번의 매입과 매각 경험으로 수익을 내자 자신감과 패기가 넘쳐흘렀고, 내 명의로 된 부동산도 갖고 싶은 욕심이 생겼다.

내가 30대에 들어설 무렵 서울은 뉴타운 공약이 많이 나오기 시작했다. 세입자 보증금과 대출을 활용해서 작은 빌라를 매입했다. 추후 뉴타운으로 지정될 경우 아파트 입주권을 기대할 수 있는 장기 투자였다.

나아가 미래의 신혼집을 위해 아파트 분양을 알아보았다. 당장은 자금이 부족하니 3년 후 입주할 것을 계획하고 물색해 서울 성북구 종암동의 아파트를 계약할 수 있었다. 원하던 회사, 결혼 준비, 부동산 투자, 모든 것이 순조롭게 진행되고 있었다.

종암동 아파트 입주일은 빠르게 다가왔고, 마지막 중도금과 잔금 납부 시기가 되었다. 뉴타운 예정 빌라를 매각해도 자금이 부족한 상황이어서 단타*로 부동산 투자를 해야겠다고 마음먹었다. 하지만 서울에서 소액으로 단타 수익을 내는 건 어려운 일이었다. 그래서 반경을 넓혀 경기권까지 보게 되었다.

시장 상황의 변화 신호

2008년의 부동산 시장은 복합적이었다. 한동안 부동산이 급격히 올랐고, 추가 상승 기대심리도 높았다. 한편으로는 기준금리 5%로 금리가 상당히 높아져 있었고, 미국의 가계부채 연체율이 높아진다는 뉴스도 나오고 있었다.

부동산 임장만 주로 다녔던 나로서는 금리, 환율, 대외관계에 대한 지식이 부족했다. 오로지 부동산 소장님들의 이야기를 기반으로 입지와 호재 검색을 주로 했고, 대세 상승에 편승해 있었다.

결국 종암동 잔금 확보를 위해 경기도 수원의 아파트 입주권을 매입했다. 5개월 안에 프리미엄(피) 1~2천만 원을 벌기 위한 단타 투자였다. 계약금은 거의 들어가지 않았지만, 분양가는 6억 원 정도였다.

▪ 매수 후 짧은 기간에 매도하는 행위.

하지만 여기서 나는 치명적인 실수를 했다. 팔리지 않을 경우 내가 입주를 해야 하는 리스크를 크게 염두에 두지 않았는데, 이는 최악의 시나리오를 간과한 것이었다.

3개월이 지나도 팔릴 기미가 보이지 않았다. 그러던 중 미국발 금융위기(서브프라임 모기지 사태**)로 환율이 1년 사이에 980원에서 1,570원까지 치솟으며 한국 경제에 큰 충격을 주었다. 외국인 투자자들이 급격히 한국 시장에서 자금을 회수하면서 주식이 폭락하고 실물경제가 위축되었으며 기업 부도와 구조조정이 시작됐다. 국내 부동산 시장도 얼어붙기 시작했다.

결국 수원 아파트는 입주 때까지 팔리지 않았고, 피할 수 없는 선택의 순간이 내게 찾아왔다. 계약금 6천만 원을 포기할지, 아니면 무슨 수를 써서라도 잔금을 내고 입주할지 선택해야 했다. 그때만 해도 나는 부동산으로 손해를 본다는 것을 납득할 수 없었다. "이 시기만 잘 버티자"라는 생각뿐이었다.

무너진 계획과 가족의 희생

신혼집으로 꿈꿨던 종암동 아파트를 프리미엄(차익) 3천만 원에 매각했다. 잔금대출을 최대한 받는다 해도 당연히 돈

** 2000년대 후반 미국 부동산 버블 붕괴와 모기지론 부실화로 리먼 브라더스가 파산하면서 전 세계로 파급된 대규모의 금융 위기 사태를 말한다.

이 모자랐다. 결국 부모님 아파트를 전세로 주고, 그 전세금을 합치고서야 잔금을 납부할 수 있었다. 신혼 1년 차 첫째 아이가 태어나던 해, 부모님과 여동생까지 우리는 온 가족이 함께 수원으로 이사했다.

아이러니하게도 종암동 아파트 잔금을 위해 했던 일들이 결국 그 아파트를 파는 상황을 만들었다. 부동산 투자로 승승장구하던 내가 처음 겪은 뼈아픈 실패였다. 가족 모두에게 죄인이 된 것 같았다.

금융위기의 여파는 생각보다 컸다. 부동산의 매수세가 싹 사라졌다. 집값이 하락하고 대출 이자 부담이 커졌다. 과도한 잔금대출로 인해 고금리의 이자를 내고 나면 늘 생활비가 부족했다. 계속해서 빚이 늘어나고 가족들도 점점 지쳐갔다.

결단이 필요했다. 결국 3년 만에 6억 원에 분양을 받았던 수원 아파트를 4억 원 조금 넘은 가격에 매각했다. 남은 것은 2억 원 정도의 빚이었다.

밑바닥부터 다시 시작하기

2013년 가을, 서울 도봉구 창동의 30년 된 구축 아파트에 월세로 들어갔다. 보증금 3천만 원에 월세 60만 원이었는데, 전세자금대출 2,400만 원(전세보증금의 80%)으로 충당했다.

절망적인 상황이었다. 앞이 캄캄했다. 회사 월급으로는

도저히 감당할 수 없는 상태였다. 0부터 다시 시작하는 것이 아닌, 마이너스 2억 원부터 다시 시작해야 한다는 막막함이 너무나 컸다. 그러면서 나는 현실로부터 도피하기 시작했다. 내 눈앞의 현실을 부정하고 술에 의존하며 시간을 보냈다. 자책하기 시작했고 갈수록 무기력해졌다.

어느 날, 만취한 상태로 새벽에 집에 들어왔는데 어린 둘째가 아주 편안한 표정으로 자고 있었다. 아이의 표정을 보니 죄책감이 밀려왔다. 나는 어린 시절 가난했던 기억이 너무 싫었다. 그 기억을 내 아이에게만큼은 물려주고 싶지 않아서 최선을 다해 살아왔건만, 결과는 원점이었다.

아이의 얼굴을 만지며 펑펑 운 그날, 가난한 삶에서 반드시 벗어나 평범한 가정의 모습을 갖추겠다고 다짐했다. 그동안 자책과 원망으로 하루하루를 보냈지만, 더 이상 그럴 시간이 없었다. 가장 먼저 한 것은 객관적으로 내 상황을 파악하기 위한 메타인지였다.

나의 상황은 이랬다. "자산 없음, 마이너스 2억 원, 회사원, 부동산 지식, 그리고 4인 가족의 가장."

명확한 목표 설정이 중요했다. 목표는 평범한 삶이었다. 빚 2억 원을 상환하고 3억 원을 모아 안정적인 내 집을 다시 마련하는 것을 목표로 삼았다.

내 상황을 파악하고, 목표가 명확해지자 해야 할 일들이 정해졌다. 2억 원을 상환하기 위해서는 직장 월급 외의 소득이 필요했다.

아파트 분리수거장을 돌며 쓸 만한 물품을 수거해 중고로 팔았다. 하루에 몇천 원씩이었지만 원가가 0원이어서 내게는 100% 수익이었다. 맞벌이였던 아내도 퇴근 후 주얼리를 만들어 파는 부업을 시작했다. 소정의 수익이 발생했지만 2억 원을 갚아가는 데 턱없이 부족하고 한없이 더딘 나날들이었다.

그러던 와중 아내의 권유로 개인회생을 알아보게 되었다. 나는 남에게 피해 끼치는 것을 극도로 싫어하는 성격이었기에 사실 개인회생만은 마지막까지 피하고 싶었다. 하지만 생존을 위해선 이것저것 가릴 처지가 아니었다. 이대로라면 숨만 쉬어도 원금을 갚기는커녕 계속해서 이자만 불어날 터였다. 개인회생을 신청하고 법원에 출석하는 날, 집을 나서는 발걸음이 떨어지질 않았다. 법원에 앉아 있는 내 모습이 너무나 부끄러웠다. 평생 기억할 괴로운 날이었다.

다행히 실질적인 해결책이 마련됐다. 채무 금액의 대부분을 5년 동안 분납하는 대신 이자를 탕감해 주는 조건이었다. 다만 5년간은 신용이 없는 사람이 됐다. 당연히 신용카드도 사용하지 못하고 은행 대출도 받지 못한다. 오로지 근로소득과 사업소득만으로 돈을 벌어야 했다.

시간 확보를 위한 변화를 시도했다. 회사에서 낮 대신 밤에 오랜 시간 근무하는 교대근무를 신청했다. 새벽에 일을 하고 아침 9시에 퇴근하면 낮 시간을 확보할 수 있었다.

그렇게 몇 년간은 하루에 4시간 정도만 자고 모든 시간을 돈 버는 궁리만 했다. 삶의 모든 것을 재정 회복에 집중하는 고된 나날이 시작됐다.

사업 확장으로 늘어난 저축

사업 확장의 필요성이 분명해졌다. 부업으로 중고 물품을 파는 것만으로는 한계가 있었기 때문에 아내가 만든 주얼리 작품들이 시장에서 주목을 받게 되면서 판매 채널을 온라인으로도 확대해 보기로 했다. 아내는 브랜드 컨셉을 잡고 제품을 개발했고, 나는 영업, 판매, 매출 관리를 맡았다.

사진촬영, 상세 페이지 제작, 이커머스 이해, 판매채널 찾기, 마케팅 등 모든 게 생소한 분야였다. 학원을 다닐 형편은 안 돼서 독학으로 시행착오를 겪으며 하나씩 하나씩 채워나갔다.

온라인 쇼핑몰을 만들고 플리마켓과 백화점 행사를 다녔지만, 여전히 벌이는 얼마 되지 않았다. 확실한 차별화와 브랜딩이 필요했다. 우리는 고민 끝에 해외 판매로 눈을 돌려 개인 맞춤형 각인 주얼리를 선보였고, 브랜드 정체성이 확실한 디자인과 각각의 사연을 담은 제품은 그 자체로 스토리텔링이 되면서 슬슬 반응이 오기 시작했다.

그러던 중 한 사장님으로부터 인사동 쌈지길에 대한 이야기를 듣게 되었다. 유동 인구가 많고 매출이 잘 나온다는 말에 바로 입점제안서를 냈다. 몇 번의 거절을 당하다가 팝업 기회를 얻고 이후에 정식 입점 제안을 받게 됐다. 1평 남짓한 공간이었는데 월세는 매출 연동 형식으로 최소 300만 원을 내야 했다. 당시 회사 월급 정도였으니 부담감이 매우 컸다. 여기서 잘못되면 다시 힘든 시기를 겪어야 할 수도 있었다. 3일간 고심하며 결국 입점을 결정했다.

더 이상 후퇴할 곳도 없었다. 직원을 고용할 여력이 안 됐기에 직원도 없이 아내와 교대로 매장에서 일했다. 월세 외에 더 이상의 지출을 줄여야 했다.

놀랍게도 첫 달 매출이 2천만 원 가까이 나왔다. 실버 제품이 대부분이어서 마진이 좋았다. 매달 600만 원 정도를 저축할 수 있게 됐다. 회사 월급 이상으로 돈을 버는 것은 처음이었다. 매출이 늘어가면서 원자재를 대량으로 구매할 수 있었고 그에 따라 원가율도 낮아졌다. 오프라인과 온라인을 동시에 운영하면서 시너지까지 생겼고 매출은 계속해서 상승했다.

어느 정도 안정적인 벌이가 나오면서 아내가 매일 저축

쌈지길 첫 매장 사진

일지를 작성했다. 매월 저축 목표액을 정하고 어떻게든 맞춰 나갔다. 기본적으로 매월 저축 목표액을 1,000만 원으로 정했고, 행사가 있는 달이면 2,000만 원도 저축할 수 있었다.

월말에 저축액이 부족하면 집에 있는 중고 물품을 팔아서라도 저축액을 맞췄다. 소득은 늘었지만 소비는 늘리지 않았다. 생필품 외에는 사지 않았고 초절약, 초저축을 몇 년간 지속했다. 아내가 저축과 대출을 타이트하게 관리하지 않았다면, 빠르게 돈을 모으지 못했을 것이다.

그래도 매출이 늘어나면서 직원은 채용할 수 있게 되었다. 그리고 사업자 대출을 활용해 매출을 극대화했다. 희망이

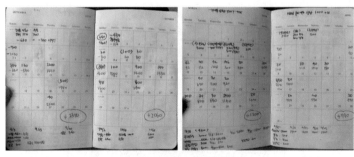

꾸준히 기록한 저축 일지

조금씩 보이자 웃음을 찾아가기 시작했다. 점차 관심을 받게 되면서 MBC, KBS 등 공중파에 소개되고 중국에서 바이어들이 와서 대량 구매를 하면서 매출이 탄탄하게 오르기 시작했다.

부동산으로 시선을 돌리다

한동안 부동산은 쳐다보지도 않고 오직 근로 소득으로만 열심히 돈을 모았다. 몇 년간 주얼리로 매출을 올리고 저축하는 동안, 부동산 시장이 금융위기를 겪고 저점을 다지다가 다시 상승기에 접어들고 있다는 소식을 듣게 됐다.

이 시기가 기회임이 느껴졌다. 내가 잘할 수 있는 시기가 왔는데, 이제 막 돈이 모이고 있으니 답답했다. 지인들이 아파트 투자로 얼마를 벌었다는 이야기도 솔솔 들리기 시작했다.

이번에는 체계적으로 준비하면서 좀 더 안전하게 투자할

수 있는 아파트들을 찾아보기 시작했다. 투자보다는 내 집 마련에 초점을 두고 단순히 입지만 보는 것이 아닌, 수요와 공급, 국내 경기, 금리, 환율, 대외 상황들을 전체적으로 고려하면서 다시 부동산 공부를 하기 시작했다.

목표 역시 구체적으로 설정했다. 매월 1,000만 원 이상 저축이 가능하니 1년 동안 1억 5천만 원을 저축하겠다는 목표와 함께 부동산 공부까지 병행했다.

현금이 부족했기에 초기에 자금이 적게 들어가는 아파트 재개발을 공략했다. 서울에 5년 내에 입주가 가능한 관리처분인가(이주 및 철거 전 단계)를 득한 1,000세대 이상인 아파트만 대상으로 잡았다.

10개월 정도 저축하여 약 1억 3천만 원을 저축할 수 있었고, 그 무렵 기회가 찾아왔다. 2017년 초, 길음 1구역(롯데캐슬 클라시아) 20평대 조합원 입주권이 1억 5천만 원에 급매로 나온 것이었다. 공부를 하고 있던 차여서 급매임을 파악하고 바로 계약금을 보냈다.

꿈이 현실로 이루어지는 순간이었다. 창동에 월세로 이사와서 5년 동안 개인회생 채무 원금을 다 갚고 안정적으로 입주할 아파트까지 생긴 것이다. 몸은 많이 상했어도 둘째 아이에게 했던 다짐이 현실이 되어가고 있었다.

기회의 포착과 과감한 도전

더불어 새로운 투자 기회들도 찾아왔다. 길음 1구역 잔금을 치르고 5개월이 지났을 때쯤 마포구 아현 2구역(마포더클래시)이 눈에 들어온 것이다.

최고로 무더웠던 2017년 7월 말, 땀을 뻘뻘 흘리며 부동산을 돌아다니기 시작했다. "간절히 원하면 이루어진다"라고 했던가. '뚜껑'이라고 불리는 무허가 건물로 땅의 지분은 없지만 입주권이 나온 상태의 물건이 있었다. 시세보다 1억 원 정도 싼 물건으로 초기 투자 비용이 총 2억 1천만 원이었다.

게다가 34평형 로얄동 20층으로 정해진 물건이었고, 중도금 무이자로 입주까지 추가 비용이 발생되지 않았다. 말 그대로 내겐 최적의 조건이었다.

부동산 문을 나가는 순간 이 매물을 놓칠 것이라는 확신이 강하게 들었기에 고민할 시간이 없었다. 결국 그 자리에서 가계약금을 보내고 계약일을 잡았다. 길음 1구역이 안 팔리면 계약금을 날리게 되는 상황이었지만 모험을 하기로 했다.

하지만 위기는 예상치 못한 곳에서 발생하고 말았다. 아현 2구역 계약을 하고 나서 며칠 뒤에 '부동산 8.2대책*'이

---

* 과열된 주택시장을 안정시키고 실수요자를 보호하기 위해 마련된 종합적인 정책으로, 투기지역 및 투기과열지구 지정, 재건축·재개발 규제 강화, 대출 규제 강화 등이 이뤄졌다.

터지면서, 부동산 시장이 완전히 얼어붙고 만 것이다. 길음 1구역을 매각하는 건 불가능해 보였는데, 절박한 노력 덕분이었을까. 다행히 부동산을 서른 군데 이상 돌아다니며 아현 2구역 잔금을 3주 남겨놓고 길음 1구역을 1억 8천만 원에 매각할 수 있었다.

어디에서 매수자가 나올지 알 수 없기 때문에 정말 급할 때는 모든 부동산에 다 내놓아야 한다. 그렇게 나는 마포구 30평대 신축 아파트 입주권을 갖게 되었다. 입주 시 납부해야 할 6억 원까지 계산하면 총 8억 1천만 원에 매입한 셈이다. 2025년 5월 기준 해당 아파트의 실거래가는 22억 원이다.

2억 1천만 원이 증식시킨 자산의 위력은 대단했다. 부동산 공부를 했으니 가능한 일이었다. 나는 둘째 아이에게 했던 다짐을 다시 한번 상기했다.

사업도 꾸준히 성장했다. 내 집 마련도 안정적으로 세팅을 한 상태여서 사업에 다시 몰두하며 확장해 나갔다. 매출이 오르면서 개인에서 법인으로 전환하고 벤처기업 인증, 기업 부설 연구소, 수출 유망 중소기업 지정 등 다양한 타이틀을 확보했다.

사업의 성장성을 인정받아 사업자 대출을 3억 원 정도 받아 직원을 더 채용하고 판매 채널을 확장하면서 매출을 늘려

가로수길 주얼리 매장

가면서 종로 사무실, 인사동 쌈지길 매장, 신사동 가로수길에서 매장을 운영했다. 당시 월세만 해도 800만 원이 넘어갔는데, 매출이 나오다 보니 당연하다고 생각했고 한 번도 월세가 아깝다고 생각해 본 적이 없었다. 당시에는 월세의 가치를 몰랐었다.

상업용 부동산을 매입하며 얻은 깨달음

부동산 공부를 하던 도중, 벤처기업 혜택 중 사업용 부동산 취득세 75% 감면과 재산세 면제/감면 정책이 눈에 들어왔다. 이를 계기로 상업용 건물에 관심을 갖게 되었다. 당시엔 정보가 널리 알려지지 않았다. 그들만의 '깜깜이 시장'이었다. 그래서 나는 인터넷으로 모든 정보를 찾아보며 물건들을 파악하기 시작했다.

그러다 금리와 월세의 상관관계를 발견했는데, 충격적이었다. 2018년 기준금리 1.5%, 시중금리 3.5% 전후 상황에서 월세 800만 원은 금리 3.5% 기준으로, 27억 4천만 원의 이자와 맞먹었다. 그동안 냈던 월세가 지닌 가치를 실질적인 숫자로 보니 정말 충격적이었다.

자금 마련과 독학의 시작이 쉽지 않았다. 1년간 저축한 개인 현금 1억과 법인 자금 3억 원을 활용하기로 결정했다. 약 4억 원으로 매입할 수 있는 건물을 찾아 종로와 마포를 중심으로 독학으로 공부하며 물건을 찾아다녔다. 건물 관련 교육도 없었고 주위에 물어볼 사람도 없었다. 엄청난 시행착오를 겪었다. 주거용 부동산과는 차원이 달랐다.

무수히 많은 건물을 보고 분석했다. 내게 맞는 기준이 명확해질 무렵 매장과 사무실로 사용하기 아주 좋은 조건의 물건을 발견할 수 있었다. 2019년 말 마포구 서교동에 올근생 건물을 대출 14.5억 원을 받고 18.2억(평당 4,300만 원)에 매입하게 되었다. 예상했던 대로 대출 이자는 충분히 감당이 가능했다.

개인회생에서 건물주로 변신한 놀라운 여정이었다. 마이 너스 2억 원에서 자산이 약 40억 원이 된 것이다. 단 7년 만의 일이었다. 꿈만 같았다. 얼마 지나지 않아 채널A '서민 갑부' 프로그램까지 출연하게 되었다.

하지만 예측할 수 없는 일들이 연달아 일어났다. 코로나 19로 인해 승승장구하던 사업의 매출이 급격히 떨어진 것이다. 중국 바이어는 연락이 두절되고, 외국 관광객으로 붐볐던 매장은 하루에 손님이 채 10명도 되지 않으면서, 직원의 월급을 주기에도 빠듯해졌다. 결국 쌈지길 매장과 가로수길 매장을 철수하고 합정(서교동) 매장만 운영하기로 결정했다. 중견기업과의 콜라보 프로젝트들도 모두 중단되었다.

지금까지는 경험과 노력으로 여기까지 왔지만, 그 이상은 다른 방식이 필요해 보였다. 사업과 부동산 관련된 수십 권의 책을 읽으면서 알게 되었다. 그동안 눈앞에 닥친 일들을 처리하며 정말 열심히만 일했다는 것이 문제였다. 더욱 현명하고 효율적인 방법들이 많았고, 그릇을 키워야 더 많은 것을 담을 수 있다는 사실도 알게 되었다.

부동산 전문가가 되다

책뿐만 아니라 유튜브로도 성공한 사업가들의 이야기를 찾아보기 시작했다. 라라브레드 강호동 대표님도 그중 한 명이었다. 2021년 당시 그는 매주 라이브 방송을 하면서 구독자들을 매장에 초대해 식사와 조언을 제공하곤 했다. 사업 운영 방식도 배울 점이 많았지만, 무엇보다도 내 눈길을 사로잡았던 건 그가 보유한 건물 5채였다. 사업과 부동산 투자 모두 성공한 사례는 매우 드물었기 때문에 그의 이야기를 듣고 싶었다.

강 대표님과의 첫 만남에서 나는 그의 건물들에 대해 내가 파악하고 분석한 내용을 들려주었다. 그 모습이 꽤 강한 인상을 남겼는지 이후에도 종종 자신의 모임에 참석해 건물 관련 이야기를 해달라고 요청했다. 그러면서 나는 점점 더 많은 사람들에게 나의 경험과 정보를 공유했다. 건물을 분석해 주고 매물을 찾는 일이 너무나 즐거웠다. 심장이 뛰었다. 좋아하는 일을 하면서 돈 버는 일을 '덕업일치'라고 하는데 나에겐 부동산 일이 그렇다는 걸 깨닫게 된 순간이었다. 강 대표님은 끊임없이 새로운 사업의 길을 열어주었고, 우리는 함께 일에 몰두하며 시간을 보냈다.

그는 내게 진심으로 고마운 존재다.

커넥팅 더 닷connecting the dot. 점과 점이 연결되어 선이 된다는 의미인데, 강 대표라는 점을 통해서 연결되는 선들이 계속해서 생겨났다.

'부읽남 TV' 유튜브 채널의 정태익 대표님과 부동산 관련 사업들을 구상하며 인연을 맺게 되었고 강남 논현동에 건물 매입을 도왔다. '김작가 TV' 유튜브 채널의 김도윤 대표님과도 부동산과 경제 관련 행사를 함께 진행하게 되었다.

어느 날, 강 대표가 구미를 급히 가자고 했다. 누굴 만나는지도 모른 채 같이 KTX에 올라탔다. 그렇게 만나게 된 분이 바로 장사권프로 유튜브 채널을 운영하는 권정훈 대표였다. 장사 분야에서 가장 구독자가 많은 채널이었다.

협업의 시작은 건물 매입이었다. 목적은 권 프로님 건물을 매입하는 것이었다. 권 프로님에게는 생소했을 부동산이 우리에겐 손쉬운 일이었다. 2번 정도 미팅을 추가로 하고 셋이서 같이 건물을 매입하기로 했다. 권 프로님은 "건물을 이렇게 쉽게 사는 거냐"고 갸우뚱했다. 두 번째 건물과 새로운 법인의 탄생이 있었다.

2022년에 두 번째 건물을 매입하게 되었는데, 그때부터는 더 이상 부동산의 개념이라기보다는 사업의 개념이 되어 갔다. 이후 '장사는 건물주다'라는 이름으로 법인을 같이 만들었다.

시작은 가벼운 아이디어였다. 건물 계약서를 작성하고 KTX역으로 돌아가는 차에서 권 프로님이 제안한 것으로 자영업자들을 위한 건물주 교육을 만들어 보자는 내용이었다. 자기가 아는 많은 사장님들도 건물주가 되고 싶어 하지만 방법을 몰라서 못 한다고. 그래서 안타깝다고. 그렇다. 비싼 월세 내 가며 장사하는 사람들은 많지만, 그들이 건물주가 될 수 있는 정보와 교육은 부재했다.

차 안에서 나왔던 대화를 바로 실행에 옮기기 위해 강의 커리큘럼만 짠 상태에서 유튜브 라이브 방송으로 온라인 강의를 오픈했는데, 무려 600명이나 강의를 신청한 것이 아닌가. 즉각적인 실행력이 빛을 발한 순간이었다. 이 정도로 니즈가 강할 거라고는 전혀 예측하지 못했다. 이것이 '장사는 건물주다'가 강의 사업을 시작한 계기였다.

교육 마케팅 전문가인 조현우 대표가 '장사는건물주다'에 합류하면서 더욱 사업이 확장하게 되었다. 현재는 매출 향상 강의, 마케팅 강의 등 다양한 교육 콘텐츠를 제공하고, 건물 매입을 자문해 주는 '건물에진심'과 마케팅 대행 회사인 '매듭컴퍼니'를 함께 운영하고 있다.

강 대표와 F&B 콘텐츠를 활용한 건물 투자를 기획했다. 서울 강북에 평당 4천만 원대로 매입해서 건물에 맞는 F&B 콘텐츠를 넣어 건물의 가치를 올리는 프로젝트였다. 2023년에 강 대표와 공동투자자들과 함께 성신여대역 인근에 세 번째 건물을 매입하게 되었다. 최근에는 현금흐름을 늘리기 위해 숙박업 운영이 가능한 네 번째 건물을 매입했다.

첫 번째 건물을 매입할 때는 엄청난 시간이 걸렸으나, 나머지 3채는 사업으로 접근해서 짧은 기간 안에 건물을 매입하게 되었다. 2013년 마이너스 2억 원으로 시작했던 나는 12년 만에 마포 30평대 신축 아파트와 건물 3채를 보유(1채 매각)하고, 수천 명의 수강생이 생겼고, 수십 명의 건물주 제자들이 생겼다.

물속에서의 저항과 같은 시간이었다. 처음 5년간은 물속에서 뛰는 느낌이었다. 목표는 저 멀리 있는데 아무리 열심히 뛰어도 물의 저항 때문에 제자리거나 더디게 가는 것 같았다. 정신을 똑바로 차리지 않으면 휩쓸려갈 수도 있었다. 힘들 때도 많았지만 절대 포기할 수 없었다. 나로 인해 벌어진 일들은 내가 책임져야 했고, 아이와의 다짐을 꼭 지켜야만 했다.

진정, 절실함이 현실을 초월했다

지금 너무 힘든 과정에 있는 자영업자가 많을 것이다. 나 역시 다시 겪고 싶지 않을 끔찍한 시간을 겪었다. 하지만 확실한 메타인지와 절실함을 갖고 목표를 향해 몰입한다면 현실을 초월할 수 있다. 당신도 할 수 있다. 스스로를 믿고 방법을 찾아간다면 나처럼 모든 환경이 달라져 있을 것이다. 당신도 충분히 할 수 있다.

이 책에서 내 개인적인 이야기를 비교적 길게 담은 이유는, 무수한 실패와 좌절을 딛고 여기까지 오게 된 과정을 솔

직히 전하고 싶었기 때문이다. 많은 수강생과 상담하다 보면, 그들 역시 내가 걸어온 길의 비슷한 지점에서 힘들어하고 있다는 걸 자주 느낀다.

만약 이 글을 읽고 '나도 할 수 있다'는 자신감과 건물주가 되겠다는 마음의 준비가 되었다면, 이제 본격적으로 건물주 공부를 시작해 보자.

앞으로 자영업자가 왜 반드시 건물주가 되어야 하는지, 그리고 어떻게 해야 건물주가 될 수 있는지를 구체적으로 다룰 것이다. 또한, 7개의 실제 사례를 통해 현실적인 방법과 전략을 배우게 될 것이다.

1장.

월세를 내는 자와 받는 자

망하는 자영업자들의 공통점

자영업자란 누구인가?

자영업자의 정의와 범위는 광범위하다. 일반적으로는 본인이 직접 사업을 운영하고, 조직에 속하지 않고 독립적으로 경제활동을 하는 사람을 의미한다. 1인 사업자, 프리랜서, 온라인 판매자, 전문직, 인플루언서, 그리고 개인의 힘으로 경영하는 중소기업 대표까지 포함된다. 업종별로는 외식업, 도소매업, 서비스업, 제조업, 예술 · 스포츠 · 여가 관련 사업 등으로 구분할 수 있다.

자영업자 업종 구분

구분	업종
외식업	음식점, 카페, 배달 전문점 등
도소매업	편의점, 마트, 온라인쇼핑몰, 잡화점, 자체브랜드, 도매점 등

일반 서비스업	미용실, 세탁소, 학원, PC방, 필라테스 등
전문 서비스업	변호사, 세무사, 회계사, 노무사, 건축사 등
의료 서비스업	병원, 약국, 한의원, 치과 등
제조업	수제 가구, 주얼리 제품 등
예술·스포츠·여가	가수, 배우, 운동선수, 공연예술가 등
자유업(프리랜서)	유튜버, 인플루언서, 강사, 작가, 디자이너 등
기타	무인 매장, 공유 오피스, 숙박업, 농림어업 등

대한민국의 자영업자 수는 상당히 많다. 2025년 2월 통계청 자료에 따르면, 2024년 기준 총 565만 7천 명이 자영업에 종사하고 있다. 이는 전체 취업자(약 2,800만 명)의 20%에 해당한다. 한국의 자영업자 비중은 OECD 평균인 15%보다 높은 수준이다. 자영업자의 공통적인 특징은 다음과 같다.

첫째, 공간이 필수적이다. 대부분의 자영업은 영업 공간이 필요하다. 이로 인해 임대료라는 고정 비용이 발생한다. 경기가 안 좋아져도 임대료는 줄어들지 않는다.

둘째, 노동 의존도가 높다. 본인이 직접 운영하는 경우가 대부분이라 사장님의 노동력이 곧 수익과 직결된다. 건강을 잃거나 영업장을 비울 경우 수익이 발생하지 않는다. 전문직도 마찬가지다. 병원에 입원해도 일을 대신해 줄 사람이 없다.

셋째, 시간의 투자가 크다. 자영업은 직장인보다 고수익을 올릴 가능성이 있지만, 근로 시간은 비교할 수 없을 정도로 길다.

넷째, 변동성과 불확실성이 높다. 경기와 밀접한 관계가 있고, 진입장벽이 낮아 경쟁이 치열하다. 이로 인해 매출의 변동성이 커서 수익 예측이 어렵다.

다섯째, 초기 비용과 고정 비용의 부담이 크다. 창업 비용은 수백만 원에서 수억 원까지 들 수 있다. 여기에 월세, 인건비, 재료비 등 고정비가 많고, 물가 상승으로 수익률이 계속 떨어질 수 있다.

자영업자의 냉혹한 현실

갈수록 소득 격차의 양극화가 뚜렷해지고 있다. 장사가 잘 안 될때에는 고소득 자영업자는 별 문제가 되지 않지만, 영세 자영업자는 당장의 생계까지 위협받게 된다. 사업 실패가 곧 생존의 문제로 직결된다. 폐업률은 심각한 수준이다. 자영업자의 폐업률은 약 20%로 집계되는데, 10곳 중 2곳은 문을 닫는다는 말이다. 매출 부진, 내수 부진, 인건비 상승, 재료비 상승 등 다양한 경제적 요인이 복합적으로 작용한다.

누구나 창업할 수 있기에 유행에 따라 과도한 경쟁을 해야 할 수도 있다. 또한 같이 일을 하는 젊은 직원들도 금방 그만두는 경우도 많아 안정적인 인력을 유지하기가 어렵다. 이런 시련들을 못 견디고 폐업한다고 해도, 투자 비용을 회수하지 못했다면 미래에 더 큰 위기를 맞이할 수 있다. 하지만 이런 위험이 있음에도 자영업은 여전히 매력적이다. 예상치 못한 기회로 소위 대박 매출을 기록하는 가게들, 그리고 마치 내가 다음 신화의 주인공 될 것 같은 환상을 버릴수 없는 것이다.

그렇다면, 장사를 잘하는 사장님들은 성공을 유지하는가? 아이러니하게도 대부분 다음과 같은 루트로 망한다.

장사를 잘하는 사장님들이 망하는 루트

(1) 장사가 성공적으로 잘되며 확장을 시작

자영업으로 생계를 꾸려가기 어려운 사장님들도 있지만, 장사를 잘해서 직원 채용도 하고 시설도 업그레이드하며 직영점을 늘리는 사장님도 많다. 이 경우 많은 사장님들이 장사로 돈을 많이 버는 게 목표다 보니, 장사가 성공적으로 잘 되면 매출 규모를 계속 늘리는 것이 자연스러운 수순이기에 매출을 높이기 위한 여러 확장을 시도한다.

확장 단계에서는 입소문이 나면서 고객이 늘어난다. 맛과 서비스가 좋고 차별화된 요소가 있다면 매출이 상승하며 가게의 인기가 높아진다. 이때 사장님은 자신감을 얻고 "이제부터 제대로 해보자"라는 생각을 하게 된다. 이 시점에서 더욱 공격적인 마케팅이나 추가 프로모션을 진행한다.

이제 손님들의 만족도가 높아지고, 웨이팅까지 발생하면 장사는 안정적인 운영 단계에 진입한다. 전담으로 매장을 관리하는 직원이 생기면서 사장님은 자기 시간을 챙길 수 있다. 그러면 자연스럽게 모이는 돈을 어떻게 굴릴지 고민하다가 가장 잘하는 건 역시 장사라며 새로운 지점을 낼 준비를 한다.

(2) 확장이 가져오는 보이지 않는 위험

일반적으로 매출이 오르면 소득세와 법인세 부담이 커지는데, 이를 줄이기 위해서 새 지점을 내는 경우도 있다. 그러나 이런 재투자는 자칫 사업을 더 위험하게 할 수 있다. 실제로 다점포를 운영하는 사장님들의 재무제표를 보면 매출은 높지만 영업이익이 낮고, 이익잉여금도 거의 없는 경우가 많다.

또한, 지점을 늘린다고 해서 기존 매장의 성공이 그대로 재연되는 것은 아니다. 확장은 단순 복제가 아니며, 새로운 지점마다 인력 관리, 원가 구조, 운영 방식 등이 달라지기 때문에 예상한 수익률이 나오지 않을 수도 있다. 원래 매장과는 전혀 다른 상황이 벌어질 수 있으며, 이를 충분히 대비하지 못할 경우 사업 전체에 악영향을 미칠 수 있다.

매출이 늘어나도 방심해서는 안 된다. 누구나 본점과 2호점을 동시에 운영하며 전체 매출이 증가하니 자신감이 생기고, 더 많은 지점을 내거나 프랜차이즈에 도전하고 싶은 마음도 생기기 마련이다. 또한 매출이 늘었으니 경제적 여유가 생겼다고 소비를 늘리는 경우도 많다. 고생한 만큼 보상받고 싶다는 심리가 과소비를 유발하기 때문이다. 그러나 소비가 저축보다 먼저 늘어나게 되면 장기적인 재무 관리가 어려워지고 이것은 경영 위기로 이어진다.

(3) 성공할수록 구체화되는 위험

자영업자들은 아무리 매출이 높아져도, 심리적인 이유 때문에 오히려 저축이 잘되지 않는다. 매월 1~2천만 원씩 저축할 수 있는 상황에서도 목돈이 없는 경우가 흔한데, 이는 매출이 늘어나면 다시 새로운 지점을 욕심을 내거나 과소비하는 패턴 때문이다. 창업의 목표가 '돈을 벌기 위한 장사'에 집중되다 보니, 수익이 생기면 곧바로 소비로 이어지고, 즉각적인 보상에 익숙해진다. 이런 단기 보상 구조에 갇히게 되면 장기적인 자산을 형성하기가 더욱 어려워진다.

게다가 성공에는 언제나 경쟁이 따라붙는다. 내 가게가 잘되면 비슷한 업종이 주변에 생겨나 손님이 분산되고, 특히 카페처럼 진입 장벽이 낮은 업종은 차별화가 어려워 경쟁이 심화된다. 자영업 시장에서는 유사 브랜드 모방이나 무리한 가격 인하 같은 불공정 경쟁도 빈번하게 발생하는데, 이를 법적으로 제재하기 어려워 대응이 쉽지 않다. 결국 자영업자는 지속적인 경쟁 속에서 생존을 위한 싸움을 이어가야 한다. 이 과정에서 무리한 시도를 하거나 다른 가게의 전략에 밀려 위기가 찾아온다.

(4) 결국 돌이킬 수 없는 결과 발생

많은 자영업자 사장님이 가격 경쟁의 위험에 대해 간과하는데, 이는 자해 행위에 가깝다. 손님 유지를 위해 무리하게 가격을 내리면, 원가는 그대로이기 때문에 매출만 줄어들게 된다. 수익률이 악화되고, 결국 적자에 빠지게 된다.

장사가 계속 잘될 것이라는 과신 역시 위험하다. 과도하게 지점을 늘리면 경기 변동이나 소비 트렌드 변화와 같은 변수에 즉각적으로 대응하기 어렵고 이는 경영 위기로 이어질 수 있다.

이후에는 후회가 뒤따른다. 인테리어나 시설에 투자한 돈이 아깝고, 열심히 일했지만 통장에 남은 돈이 없는 현실에 절망하게 된다. 지속적인 확장으로 인해 재무 상태는 악화되고, 대출도 어려워지거나 받아도 금세 바닥나게 된다. 결국 도미노처럼 지점들이 하나둘 무너지고, 본점마저 제대로 운영되지 못해 고객의 발길이 끊기는 악순환이 이어진다.

자영업 성공의 본질은 지속 가능성이다. 자영업의 성공은 단순한 매출 상승이 아니라, 지속 가능성과 재무 안정성을 확보하는 것이다. 운영은 계획적이어야 하며 특히 확장은 정말 신중하게 결정해야 한다. 또한 철저한 자금 관리를 통해 리스크를 줄이고 지속 가능한 사업을 위한 방향성을 잡는 것이 매우 중요하다. 진정한 자영업 성공은 화려한 매출이 아닌, 오랫동안 지속될 수 있는 안정적인 비즈니스 모델을 만드는 것이다.

꼭 알아야 할 월세의 가치

숨겨진 월세의 가치

많은 자영업자가 매달 고정적인 월세를 내며 사업을 운영하는데, 이 월세를 단순히 공간을 빌리는 대가로 여긴다. 창업 계획 단계부터 고정 비용 중에 월세는 기본 항목으로 두는 것이다. 물론 월세는 내야 한다. 그리고 입지가 좋을수록 비싼 월세를 낸다. 하지만 자영업자들이 대부분 모르고 있는 중요한 사실 중 하나는, 자신이 매달 내는 월세가 얼마나 큰 자산 가치를 가졌는지에 대해 깊이 생각하지 않는다는 점이다.

월세의 가치는 월세와 대출 이자의 상관관계를 이해하는 순간 드러난다. 예를 들어 이자율이 4%인 시장에서 월세를 100만 원 낸다면, 내가 내는 월세의 가치는 3억 원에 대한 이자와 같다. 은행에서 이자율 4%에 3억 원을 대출받으면 매월

100만 원의 이자를 내야 하는 개념과 같다.

이 월세가 꾸준히 쌓이면 어떻게 될까? 월세 규모에 따른 자산 가치의 변화도 크다. 만약 월세 300만 원을 낸다면, 9억 원의 4% 이자인 셈이다. 월세 1,000만 원을 낸다면, 30억 원의 4% 이자인 셈이다. 이를 다시 말하면 결국 월세 300만 원을 낼 수 있는 사장님은 9억 원의 건물을 매입해서 이자를 낼 수 있는 것이다.

아마도 머리가 띵할 것이다. 당연히 그저 내야 할 돈으로 생각했는데, 지출하는 월세의 가치가 이렇게 높다는 사실에 나 역시도 적잖은 충격을 받았었다.

장사는 하루이틀 하는 것이 아니고 짧게는 3년, 길게는 5년, 10년 이상 하는 경우가 많다. 이를 고려하면 계속해서 월세를 내기만 하는 것은 결코 현명한 행동이라 할 수 없다.

월세를 자산으로 전환하는 실전 계산법

다음 그래프는 2008년부터 2025년까지의 기준금리 추이 그래프이다.

은행에서 대출받고 이자를 내는 대출금리는 기준금리 + 가산금리 – 우대금리의 구조로 결정된다. 시장과 정책에 따른 기준금리의 추이가 최종 금리에 영향을 크게 미친다.

2008~2025년 기준금리 추이 그래프

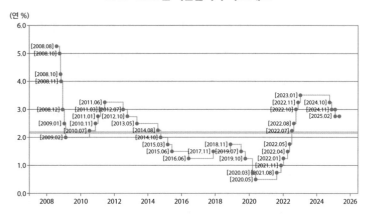

2008년 글로벌 금융위기 때에는 높았던 금리가 급락하고, 2010~2018년 글로벌 경기둔화 및 저성장으로 저금리 기조를 유지했다. 2019년 코로나 사태로 2020년 기준금리 0.5%의 사상 최저금리를 기록했다. 이후 코로나 회복, 인플레이션 급등으로 2021~2023년 2년 만에 기준금리가 3.5%까지 급등했다. 2024년 말까지 2년간 고금리를 유지하다가 최근 들어 3차례 금리가 떨어지게 되었다.

이처럼 금리는 복합적인 경제 요인에 의해 결정되고 변화한다.

그래프의 굵은 선은 17년간 매년 기준금리를 평균한 수치로 약 2.2%다. 가산금리는 대출상품과 차주에 따라 차이가 있지만 건물 매입 시 가산금리는 보통 1.5~2% 정도다. 결국

17년간 평균 대출금리는 약 4%임을 알 수 있다.

금리 4% 기준일 때, 월세의 가치는 간단한 공식만으로도 쉽게 알 수 있다. 내가 내는 월세에 300을 곱하면 내가 감당할 수 있는 대출액이 되고, 내가 매입할 수 있는 건물의 규모이기도 하다.

$$월세\ 3,000,000원 \times 300 = 900,000,000원$$
$$= 내가\ 매입할\ 수\ 있는\ 규모의\ 건물$$

대출 이자 계산 방식도 어렵지 않다. 9억 원의 건물을 100% 대출로 매입하고 이자율이 4%라고 하면 매월 이자는 300만 원이 된다.

$$900,000,000원 \times 0.04(4\%) \div 12개월 = 3,000,000원$$

예를 들어, 매매가 9억 원의 3층 건물이 매물로 나왔다고 가정해 보자. 각 층에서 임대료는 100만 원씩, 총 300만 원이다. 1층 월세 100만 원에 300을 곱하면 3억 원이 되고, 3개 층의 월세인 300만 원에 300을 곱하면 9억 원이 된다.

이 건물은 9억 원의 매물로 나왔지만, 3개 층 임차인의 월세 가치가 이미 9억 원인 것이다. 이론적으로는 3명의 임차인이 이 건물을 소유할 수도 있다는 의미다. 가치를 설명하기 위해서, 대출 100%로 가정을 한 것이고, 레버리지에 대한 이야기는 2장에서 구체적으로 진행하도록 하겠다.

장사 잘하는 자영업자는 월세를 내고도 수익금이 많이 남는 경우가 있다. 예를 들면, 월세 300만 원을 내고, 수익금 500만 원 중 200만 원 정도를 추가로 월세로 부담할 수 있다면, 총 500만 원 × 300 = 15억 원이다. 15억 원의 건물을 매입할 수 있는 능력이 있는 것이다.

아마도 이 계산의 결과에 깜짝 놀랐을 것이다. 이 계산은 어려운 개념이나 방식을 쓴 것이 아니다. 관점만 달리하면 보이는 기회다.

월세를 충분히 낼 수 있는 자영업자들은 건물을 매입할 수 있는 자격이 있다. 지금처럼 월세를 계속해서 낼 것이 아니라, 대출을 활용해 건물을 매입하고 월세 대신 대출 이자를 내며 내 건물에서 장사하며 자산을 축적하는 방향으로 생각을 전환해야 한다.

월세, 낼 것인가 받을 것인가

세입자 자영업자의 현실
자영업자가 직면하는 구조적 불안정성

자영업의 경우 대부분 구조적으로 불안정하다. 우선 대부분의 자영업자는 건물을 임차하여 사업을 운영한다. 매달 정해진 임대료를 지불하며 사업을 유지해야 하고, 보증금과 권리금이라는 초기 비용도 감당해야 한다. 월세는 피할 수 없는 부담이다. 자영업자에게 큰 고정비 중 하나가 바로 월세다. 매출이 줄어도 월세는 줄지 않는다. 더구나 건물주의 결정에 따라 임대료가 인상될 수도 있다. 이 점이 가장 큰 함정이다. 장사가 안돼도 월세는 변함없이 나간다.

법적 보호에도 분명한 한계가 있다. 상가건물 임대차보호법에 따라 임대료 증액은 직전 차임의 연 5%를 초과할 수 없지만, 매년 5% 이내의 인상은 가능하다. 또한 환산보증금이 지역별 기준을 초과하면 이 제한도 적용되지 않는다. 숨겨진 비용 상승도 문제다. 관리비에는 증액 제한이 없어 5% 이상 인상되기도 한다. 고정비가 매년 5%씩 오른다면, 매출도 최소 그만큼은 상승해야 사업이 유지될 수 있다.

초기 투자금과 권리금 회수도 불확실하다. 보증금과 권리금은 사업 초기 비용 중 큰 비중을 차지한다. 아무리 높은 권리금을 주고 입점했더라도, 장사가 안돼서 나갈 땐 권리금을 돌려받지 못할 수 있다. 계약 만료 전에 권리금을 지불할 신규 임차인을 직접 구해야 하기 때문이다.

외부 요인으로 인한 강제 퇴거 가능성도 있다. 장사가 잘되고 있어도, 건물주가 매각이나 재건축을 이유로 명도를 요구하면 어쩔 수 없이 가게를 비워야 한다. 명도비를 받고 나올 수는 있지만, 새로운 장소에서 다시 시작하려면 시간과 비용이 상당히 든다.

인테리어 비용도 매몰 비용이 될 수 있다. 임대차 계약이 종료되면 원상복구 의무가 발생한다. 공간 개선을 위해 투자한 인테리어 및 시설 비용은 결국 임차인이 감당해야 한다. 후임 임차인이 동일 업종을 그대로 인수하지 않는 이상, 원상복구를 해야 할 가능성이 높다.

이처럼 수반되는 총비용과 위험을 반드시 계산하고 고려해야 한다. 당장은 매출이 오르고 수익이 나는 것처럼 보여도, 입점 시 인테리어와 권리금, 퇴거 시 원상복구 비용까지 포함해 전체 비용을 따져보면 그동안의 장사가 헛일이 될 수도 있다.

결국 사업이란 성공적으로 자리 잡더라도, 임대료 인상, 계약 종료, 외부 변수 등으로 인해 장기적인 안정성을 완전히 확보하기는 어려운 일이다.

세입자 자영업자의 근본적 한계

젠트리피케이션은 자영업자들이 낮은 임대료를 감수하며 상권을 일군 지역에 임대료가 오르면서 자금력 있는 브랜드가 들어오고, 기존 상인들이 쫓겨나는 현상이다. 상권을 키운 주체는 자영업자지만, 이익은 건물주가 가져가고 세입자는 재정립 비용과 고객 손실의 악순환을 겪게 된다. 결국 이는 공생이 아닌 착취 구조로, '곰이 재주 부리고 왕서방이 돈 버는' 현실을 반복하게 만든다.

세입자 자영업자는 사업을 운영하여 얻는 사업(노동)소득이 유일한 수입원이다. 임차로 사업을 하므로 추가적인 자산소득이 없으므로, 사업 운영이 어려워지는 순간 소득이 끊기게 된다. 직장인과 달리 실업급여나 퇴직금 같은 안전장치가 없어, 사업 실패 시 경제적 타격이 더 심각하다.

이러한 구조적 문제들은 자영업자가 단순히 열심히 일하

는 것만으로는 해결할 수 없는 근본적인 한계이다. 이를 극복하기 위해서는 임차인에서 건물주로의 전환, 또는 자산소득 창출을 위한 대안적 접근이 필요하다.

건물주 자영업자의 현실

소유와 임차의 부의 갭: 시간에 따른 자산 축적 구조 분석

건물주 자영업자는 내 건물에서 월세 대신 대출 이자를 납부하며 직접 장사를 한다. 상업용 건물은 대출 한도가 높아 매매가의 80%까지 대출이 가능하고, 자기자본은 20%와 부대비용 정도만 있으면 시작할 수 있다. 임차할 때 들어갔던 초기 비용인 보증금과 권리금 부담이 없다는 것이 특징이다. 많은 사람들이 건물 매입엔 큰돈이 필요하다고 생각하지만, 실제로는 임대할 때 드는 비용과 큰 차이가 없는 경우도 많다.

기존 자금의 재배치만으로도 충분히 가능하다. 입지가 좋은 곳에서 장사를 하려면 수천만 원에서 수억 원에 달하는 보증금과 권리금이 필요하지만, 이 돈을 건물 매입에 활용하면 내 가게를 내 건물에서 시작할 수 있다. 대출 이자도 단순히 버리는 돈이 아니라, 건물의 소유권을 유지하면서 장기적으로 자산을 쌓는 과정이다. 시간이 지나고 장사가 잘되면 원금을 상환할 수 있고, 이자가 줄면서 고정비도 줄어들어 수익률은 점점 올라간다.

결국 세입자든 건물주든 매달 일정한 돈을 내며 장사를 하는 건 같지만, 그 돈의 쓰임새가 다르다는 데 분명한 차이가 있다. 세입자가 내는 임대료는 그냥 사라지는 돈이지만, 건물주 자영업자가 내는 대출 이자는 자산을 유지하고 키우는 투자다. 시간이 흐르면 자산 축적의 차이는 크게 벌어진다. 그리고 이 차이가 결국 미래를 결정짓는다.

장기적 경제적 자유

건물주 사장님은 자기 건물에서 장사를 하므로 외부 요인으로부터 쫓겨날 걱정 없이 사업의 연속성을 확보할 수 있다. 이는 고객 기반 유지와 장기적인 브랜드 가치 형성에 중요한 안정성을 제공한다. 또한, 주변 상권이 활성화되면 건물 가치도 함께 상승해 자산으로서의 이익까지 누릴 수 있다.

이러한 구조 속에서 건물주 사장님은 노동소득뿐 아니라 자산소득까지 동시에 확보할 수 있다. 건물 일부를 임대하면 임대 수익도 추가로 발생하며, 이는 사업이 일시적으로 어려울 때 재정적 안전망 역할을 한다.

시간이 지날수록 건물주 사장님은 자산을 축적하고 경제적 자유에 가까워진다. 반면 세입자는 계속 임대료를 납부하느라 자산을 쌓기 어렵다. 같은 기간 동안 사업을 운영해도

건물주는 실질적 자산을 남기며, 시간이 지날수록 자산 격차
는 더 크게 벌어진다.

　건물주 자영업자가 되기 위해서는 엄청난 돈이 있어야 하
는 것이 아니다. 이런 메커니즘을 이해하고 대출 레버리지를
활용해서 창업 비용에서 좀 더 돈을 보태 건물을 매입하고
월세 대신 이자를 내고 장사를 하는 것이 핵심이다.

똑같이 일해도 자산의 차이는 25억 원

라라브레드 사례로 본 자영업자의 선택

앞서 세입자 자영업자와 건물주 자영업자가 똑같이 일하고도 자산의 차이가 크게 벌어지는 상황을 설명했다. 이제 실제 사례를 가지고 비교해 보려고 한다.

2017년, '송리단길'이라는 이름조차 없던 시절, 빵집 '라라브레드'는 유동 인구가 거의 없는 대로변 이면에 자리를 잡았다. 롯데타워 개장과 9호선 3단계 연장 구간 개통을 앞두고 있었고, 석촌호수도 정비되면서 맛집들이 하나둘씩 생기기 시작하는 시점이었다.

라라브레드의 강호동 대표는 현재 이 지역의 입지는 다소 약하지만 앞으로의 가능성이 크다고 판단해 이곳에서 장사를 시작했다. 그는 세입자 신분으로 보증금과 월세를 부담하고, 인테리어까지 직접 마친 뒤 브런치 카페를 열었다.

오픈 샌드위치가 큰 인기를 끌며 입소문이 났고, 인플루언서들도 찾아오면서 조용하던 동네에 점점 유동 인구가 늘기 시작하더니, 얼마 지나지 않아 월 매출 1억 원을 달성하게 되었다.

다양한 맛집들이 주변에 하나둘 들어서며 데이트 명소로 자리매김하면서 2018년 무렵 '송리단길'이라는 이름이 생겨났고, 석촌호수 벚꽃축제 시즌이면 인파로 가득 찼다.

아무것도 없던 동네였지만, 자영업 사장님들이 맛있는 음식과 정성 어린 서비스로 사람들을 끌어들이며 이 지역을 '핫플레이스'로 만들어낸 것이다. 상권은 한정적인데 들어오려는 수요가 많아지면서 자연스레 임대료는 오르고 땅값도 꿈틀거리기 시작했다. 장사가 잘되자 자영업자들의 얼굴엔 웃음꽃이 피었다.

하지만 그보다 더 크게 웃고 있던 이들이 있었다. 바로 건물주들이었다.

강호동 대표는 라라브레드를 성공시킨 뒤에서야 본격적으로 부동산 공부를 시작했다. 그리고 그제야 자신이 '재주 부리는 곰'이었다는 사실을 깨달았다. 재주는 곰이 부리고, 돈은 건물주인 왕서방이 가져가는 구조였다. 이 깨달음 이후, 그는 즉시 건물을 찾아다니기 시작했다. 단순한 세입자가 아닌, 건물주 자영업자로의 전환을 위한 첫걸음이었다.

임차 vs 매입

만약, 강호동 대표가 이 건물을 매입해서 들어왔다면 어떤 차이가 있었을까?

건물에 입주한 2017년부터 2024년 8년간의 차이를 비교해 보겠다. 해당 건물의 대지면적은 약 60평, 준주거지역, 지하 1층~3층, 연면적 121평이고, 라라브레드는 지하 1층~2층 93평을 사용 중이다. 참고로 3층은 건물주가 거주하고 있다. 8년간 월세와 이자는 계속해서 변동되었기 때문에 2025년 현재의 기준으로 계산하겠다.

임차의 경우, 보증금 1억 원과 권리금 8,000만 원을 지불하고 시작했다. 매월 700만 원의 월세를 8년간 냈으니 총 6.72억 원(700만 원 × 96개월)을 건물주에게 지불한 셈이다. 만약 건물주가 대출 없이 이 건물을 매입했다면, 그는 8년간 임대수익으로 6.72억 원을 벌었을 것이다.

8년간 장사 후 2024년에 퇴거한다면, 건물주에게 돌려받을 돈은 입주 시 지급했던 보증금 1억 원이 전부다. 카페를 할 후속 임차인이 인수하면 권리금을 받을 수 있지만, 그렇지 않다면 원상복구 비용까지 들어 1억 원도 온전히 회수하기 어려울 수 있다.

라라브레드는 7억 원에 가까운 돈을 월세로 지출했지만, 장사가 잘되어 영업이익이 높았기에 월세가 크게 부담되지

**2017년의
잠실 라라브레드**

는 않았다. 하지만 건물을 매입해서 똑같이 장사를 하다가 건
물을 매각했다면 그 차이는 엄청나다는 것을 알게 될 것이다.

　2017년 건물의 가치는 지역 평당가 기준으로 약 3,300만
원, 대지 60평으로 약 20억 원 정도였다. 라라브레드가 법인
명의로 매입했다면, 80% 대출(16억 원)을 받고 현금 4억 원과
부대비용 1.2억 원, 총 자기자본 5.2억 원이 필요했을 것이다.
대출 16억 원, 금리 5%로 가정하면 월 이자는 666만 원이다.
8년 동안 지급한 이자는 총 6.4억 원(666만 원 × 96개월)으로,
임차 시 8년간 지불한 월세 6.72억 원보다 적다.

　임차와 매입의 차이는 지역 가치에 따라 더 큰 차이가 나

기도 한다. 송리단길의 경우도 그렇다. 송리단길이 핫플레이스로 자리 잡으면서 2017년 평당 3,300만 원이던 땅값이 2024년에는 평당 9천만 원으로 약 3배 상승했다. 지역 가치가 폭발적으로 성장한 것이다. 대지 60평 기준으로 건물 시세는 20억 원에서 54억 원으로 뛰었다. 2017년 매입을 가정한다면, 건물에 대한 건물주의 자본은 다음과 같이 이뤄진다.

구분	금액	비고
매입가	2,000,000,000	대지면적 60평(평당 3,333만 원)
대출(80%)	1,600,000,000	금리 5% 가정, 월 이자 666만 원
현금(20%)	400,000,000	
부대비용(6%)	120,000,000	취등록세(4.6%), 수수료(0.9%), 등기비 등(0.5%)
총 자기자본	520,000,000	

투자 관점에서 본 임차와 매입의 격차

초기 비용의 차이가 핵심이다(인테리어 및 집기 비용은 임차와 매입시 같은 조건으로 생략하겠다). 임차 시에는 보증금 1억 원, 권리금 8천만 원으로 1억 8천만 원이 초기 자금으로 필요했다. 반면 매입 시에는 보증금과 권리금이 필요 없고 매입

자금인 5억 2천만 원만 있으면 된다. 임차와 매입의 초기 비용 차이는 3억 4천만 원이다. 결국, 임차하는 시점에서 3억 4천만 원만 더 있었다면, 건물을 매입할 수 있었고, 월세 대신 이자를 내면서 건물 소유권을 유지할 수 있었다. 적은 차액이 엄청난 자산 격차를 만드는 것이다.

여기에 더해 매각한다고 가정해 보자. 8년이 지난 2024년의 시세는 평당 9천만 원 정도로 치솟았다. 매도가 54억 원으로 2017년 20억 대비 2.7배 오른 셈이다. 차액은 무려 34억 원이다.

건물주는 건물 매입만 하고 세입자의 월세를 받아 이자를 내면서 건물을 유지한 대가가 34억 원인 것이다. 심지어, 3층에서 거주까지 해결했다. 과연, 세입자의 콘텐츠(음식, 서비스, 마케팅)가 없었다면 이렇게까지 땅값이 오를 수 있었을까? 세입자가 '재주 부리는 곰'의 역할을 제대로 하고 '왕서방'이 돈을 가져가는 것과 다를 게 무엇인가? 표를 통해서 자본의 구성을 알아보자.

구분	금액	비고
매도가(2024)	5,400,000,000	대지면적 60평(평당 9,000만 원)
양도차익	3,280,000,000	매도가(54억 원) - 매입가(20억 원) - 부대비용(1.2억 원)

법인세	663,520,000	과세표준 × 19% - 누진 공제 2천만 원 + 지방소득세(법인세의 10%)
매각 순수익	2,616,480,000	양도차익 - 법인세
총 현금	3,016,480,000	매각 순수익 + 매입 시 현금(4억 원/부대비용 제외)

※ 법인명의 매입 시

자영업자의 부동산 매입 vs 임차: 놀라운 수익 차이

좀 더 자세히 계산을 해보겠다. 매도가 54억 원, 매입가 20억 원, 부대비용 1.2억 원으로 계산된 양도차익은 32.8억 원이다. 법인세 6.63억 원을 제외하면 순수익은 약 26억 원이 발생한다. 여기에 초기 자금 4억 원(부대비용 제외)을 더하면 총 30억 원의 현금이 생긴다. 30억 원의 현금은 일반 장사만으로는 획득하기 어려운 금액이다. 이는 건물 매입이라는 결정이 가져온 결과다.

장사를 시작했을 때, 임차로 시작한 것과 매입으로 시작한 것의 차이를 표를 통해서 비교해 보겠다.

임차 vs 매입(매각)

임차 (1억 원/700만 원)	구분	매입 (20억 원)
180,000,000 (보증금 1억 원, 권리금 8천만 원)	초기 비용	520,000,000 (매매가 20% + 부대비용)

672,000,000 (700만 원 × 96개월)	월세/이자 96개월(8년)	640,000,000 (16억 원, 5% 이자 × 8년)
300,000,000 (보증금 1억 원, 권리금 2억 원)	계약 만료/ 매각(54억 원)	3,016,480,000 (매각 순수익 + 매입 시 현금 4억 원)
120,000,000 (권리금 차익)	순수 수익금	2,616,480,000 (매각 순수익)

장사를 시작할 때 초기 비용은 임차의 경우 1.8억 원 매입의 경우 5.2억 원으로 매입 시 3.4억 원이 더 필요하다. 하지만 8년간 지불하는 월세와 이자는 거의 동일하다.

임차 종료 시 정산 금액은 제한적이다. 계약 만료 시 보증금 1억 원을 돌려받고, 성공적인 장사로 권리금 1.2억 원을 추가로 받아 총 2억 원을 회수한다 하더라도, 순수익은 1.2억에 불과하며, 새로운 가게를 얻기 위해 3억 원을 그대로 써야 한다. 만약, 후속 임차인이 없었더라면, 권리금은커녕 원상복구까지 해야 한다.

매입의 경우 압도적인 차이가 발생한다. 54억 원(평당 9천만 원)에 매각 시 세금을 제외한 최종 정산액은 약 30억 원이다. 임차보다 10배 높은 금액이다. 초기 투입 비용을 제외한 순수익은 약 26억 원으로, 임차 대비 무려 20배가 넘는다.

두 경우 모두 8년간 동일하게 월세(또는 이자)를 내며 장사했지만, 정산 금액은 10배, 순수익은 20배 차이가 난다. 유일한 차이는 '건물을 매입했느냐, 빌렸느냐'뿐인데도 말이다.

대부분의 자영업자들은 이러한 개념을 모르거나 접근 방법을 알지 못한다. 조용한 동네에서 열심히 장사하여 핫플레이스를 만들었지만, 상승한 임대료를 감당하지 못해 떠나야 할 때에야 땅값 상승을 깨닫는다. 안타까운 현실이다.

장사를 잘해 매월 저축할 수 있는 현금흐름이 충분하다면, 레버리지를 활용한 건물 매입으로 장사와 부동산 투자의 이중 수익을 얻을 수 있다. 다음 장에서는 자영업자가 건물주가 되는 구체적인 로드맵과 레버리지를 활용한 효과적인 투자 방법에 대해 자세히 알아보겠다.

2장.

레버리지
피라미드

직장인, 자영업자, 건물주의 피라미드

레버리지를 활용하는 건물주의 사고

레버리지는 작은 힘으로 큰 결과를 만들어내는 지렛대와 같다. 자본주의 사회에서 자본, 지식 등을 효과적으로 활용해 더 높은 성과를 내는 건 선택이 아니라 필수다. 마찬가지로 결국 레버리지를 이용하거나 아니면 레버리지에 이용당한다. 나 역시 직장인, 자영업, 건물주를 거치는 과정에서 이 개념을 몸으로 체감하게 되었다.

직장 시절엔 회사에 시간과 전문성을 제공한 대가로 월급을 받았다. 아무리 성과를 내도 월급은 정해져 있었고, 내가 일한 만큼만 보상받는 것이 아니었다. 그러다 금융위기 이후 2억 원 빚을 지고 월셋집으로 이사하게 되면서 현실을 마주했다. 직장 월급만으로는 위기를 넘길 수 없고, 더 이상 큰 돈도 벌 수 없다는 걸 뼈저리게 느꼈다. 이때부터 현금흐름을 고민하기 시작했지만, 그땐 아직 레버리지가 뭔지도 몰랐다.

　본격적으로 레버리지의 힘을 체감한 건 사업을 시작하고 직원을 채용하면서부터다. 혼자 모든 걸 하던 내가 직원 한 명을 두자 효율이 확 달라졌다. 시스템이 갖춰지면서 내 시간이 생겼고, 사업 방향성과 브랜드에 집중할 수 있었다. 이후 사업이 커지며 직원 수와 매출이 늘고, 회사는 점점 '사람이 일하는 구조'에서 '시스템이 일하는 구조'로 바뀌었다. 손발보다 머리를 써야 할 일이 많아졌고, 그때서야 진짜 레버리지를 활용하는 삶이 시작됐다.

레버리지 피라미드

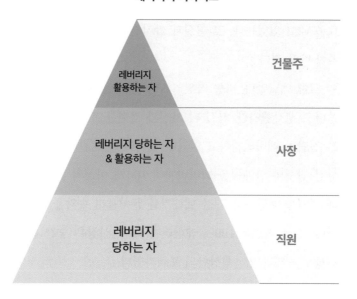

레버리지 피라미드의 발견

회사가 어느 정도 자리를 잡고 해외에 제품을 알리기 위해 출장을 간 어느 날, 나는 직원들의 노력 덕분에 회사가 성장하고 있다는 사실을 실감했다. 과거에는 내가 기업의 레버리지로 이용당하는 입장이었지만, 이제는 사장으로서 직원들을 통해 수익을 창출하고 있었다. 자본주의의 구조가 바로 이런 식으로 작동한다는 걸 체감하게 됐다.

그러던 중 "쌈지길 820억 원 매각" 기사를 접하고 충격을 받았다. 2011년 560억 원에 매입된 건물이 5년 만에 260억 원의 시세차익을 남기고 팔린 것이다. 당시 나는 1평 남짓한 오픈형 매장을 운영하며 매출에 연동된 월 300만 원의 임대료를 내고 있었는데, 그 현실과 쌈지길의 투자 수익 간의 격차가 매우 컸다.

그때 깨달았다. 나는 직원의 노동력을 활용해 레버리지를 쓴다고 생각했지만, 사실 나 자신과 직원들 모두를 더 큰 자본 집단이 레버리지하고 있었던 것이다. 쌈지길의 운영사는 상점 월세와 판매력을 레버리지해 100개 이상의 매장을 통해 수익을 배당하고, 건물 매매가를 끌어올려 수익을 극대화했다. 결국 직원은 100% 레버리지 대상, 사장은 중간 위치, 건물주는 피라미드 최상단의 포식자였다.

이 구조의 실체를 깨달은 나는 "나도 건물을 살 수 있을

까?"라는 의문과 함께 바로 서점으로 향했다. 그리고 큰 금액
도 작은 단위로 나누면 실현 가능하다는 사실을 이해하게 되
었다. 규모의 차이일 뿐, 560억 원이 820억 원이 되는 것처럼
5.6억 원도 8.2억 원이 될 수 있다는 깨달음을 얻은 나는, 소
액 건물에 투자해 보기로 결심했다.

자본주의 피라미드에서 위치 이동을 결심했다. 레버리지
를 당하는 자리에서 레버리지를 활용하는 자리로, 그리고 궁
극적으로는 최상위 포식자인 건물주의 자리로 올라가기 위
한 첫걸음을 내딛기로 마음먹은 순간이었다.

건물주가 되어야만 하는 이유

대부분의 자영업자 사장님들 머릿속에는 '건물주'라는 단어가 아예 존재하지 않는다. 장사도 당연히 보증금과 월세를 내고 시작하는 것이라고 생각한다. 물론 평범한 개인으로서 현금이 부족한 것은 당연하다. 하지만 그렇다고 해서 내 건물에서 장사하는 것이 불가능한 꿈은 아니다. 오히려 자영업자가 건물주가 되어야 하는 이유는 너무나 많다. 꿈의 영역이 아닌 생존을 위한 필수 전략이다.

1. 월세는 사라지는 돈

건물주와 세입자의 핵심적인 차이는 월세에 있다. 월세는 사라지는 돈이다. 자영업자의 고정비인 월세는 공간을 빌렸으니 당연히 내야 하지만, 매월 나가는 월세는 쌓이는 구조가 아니다. 계속해서 대여료를 내야 하는 버려지는 돈이다.

이자는 자산이 되는 구조를 만든다. 대출을 레버리지해 건물을 매입하고 대출에 대한 이자를 매월 내는 구조로 전환하면, 매월 납부하는 이자는 자산이 쌓여가는 형태가 된다.

동일한 비용이지만, 결과는 확연히 다르다. 똑같이 장사하며 매월 고정비로 공간 사용의 대가를 치른다면, 버려지는 월세 대신 쌓여가는 이자의 형식으로 세팅해야 한다. 세입자 자영업자와 건물주 자영업자의 차이를 다시 간략하게 살펴보자.

세입자 자영업자와 건물주 자영업자의 차이

세입자 자영업자	건물주 자영업자
월세를 낸다.	월세 대신 이자를 낸다.
보증금 O, 권리금 O	매매가의 20~30%, 보증금 X, 권리금 X
오직 사업(노동)소득	사업(노동)소득 + 자산소득
매년 월세가 오른다.	매년 건물 가격이 오른다.
10년 뒤에 원상복구하고 나온다.	10년 뒤에 매각하고 차익 얻는다.

사과나무를 건물이라고 생각해 보자. 그러면 이해가 조금 쉬울 것이다. 그러면 자연스레 자영업자는 농부, 사과는 매출, 물과 비료는 월세나 대출 이자라고 생각할 수 있다.

임차 자영업자인 농부 A와 건물주인 농부 B가 있다고 하자. A는 사과나무를 빌려서 사과를 기르기 시작한다. 빌린 사과나무에 물과 비료를 정성껏 주며 매년 더 좋은 사과를 수확한다. 수확량과 품질이 좋아질수록 그는 기뻐하고, 더 큰 성장을 꿈꾼다.

하지만 어느 날, 사과나무 주인이 나무를 돌려달라고 한다. 결국 그는 자신이 키운 나무를 두고 떠나야 한다. 이유는 단순하다. 이제 주인이 직접 농사를 짓겠다는 것이다.

반면 B는 사과나무를 직접 구입해 A 농부처럼 정성껏 가꾼다. 시간이 지나 수확량이 늘어나고, 동시에 나무 자체 가치도 상승한다. 그는 매출뿐 아니라 자산 가치 상승이라는 이중의 수익을 얻는다.

두 농부는 같은 노력을 했다. 하지만 결과적으로 A는 타인의 자산을 키웠고, B는 자신의 자산을 키웠다. 이처럼 세입자와 건물주의 차이는 결국 시간과 함께 엄청난 격차로 이어진다. 오늘 당신의 선택은 무엇인가? 타인의 자산 가치를 높이는 임차 사업자일 것인가, 아니면 자신의 자산을 키우는 건물주 사업자일 것인가?

오늘의 선택이 미래의 경제적 자유를 결정한다.

2. 평생 근로의 한계

자영업의 지독한 현실은, 그것이 노후까지 이어진다는 것이다. 자영업의 실체는 노동소득에 가깝다. 사업소득으로 분류되지만, 나 홀로 사장이 40%가 넘고 직원이 있어도 1~2명인 경우가 대부분이다. 결국 사장이 모든 것을 챙겨야 하는 구조다. 자영업은 본질적으로 몸을 움직여 서비스를 제공하는 활동이며, 시스템이 정착되기 전까지는 노동소득으로 보는 것이 정확하다.

노동소득으로 자산 축적은 젊을 때만 가능하다. 30~40대까지는 무리가 없지만, 50대를 넘어 60대가 되면 신체적 한계에 부딪히게 된다. 수십 년간 노동을 통해 일해 왔기 때문에 몸은 성한 곳이 없고, 같은 컨디션으로 노동을 지속하는 것은 불가능에 가깝다.

의학 기술 발달로 수명이 연장되는 것이 오히려 문제가 되기도 한다. 평균수명 100세를 넘어 120세까지 바라보는 시대에, 근로소득에 의존하는 자영업자들은 100세까지 생활비를 위해 일을 해야 할 수도 있다.

통계가 증명하는 자영업자의 고령화는 심각하다. 통계청 자료에 따르면 자영업자 중 60세 이상 비중이 36.4%로 가장 많다. 환갑 이상 자영업자는 200만 명을 돌파했으며, 이는 2000년 17.6%의 2배가 넘는 수치다.

2000년 40대였던 자영업자들은 60대가 되어도 계속 일하고 있고, 당시 50대였던 자영업자는 70대가 되어서도 자영업의 끈을 놓지 못하고 있다. 수명 연장과 함께 고령 자영업자는 계속 증가할 것이다.

수명 연장이 축복이 아닌 고통이 될 수 있다. 체력에 문제가 없는 로봇이라면 전혀 문제가 되지 않겠지만 사람은 체력의 한계에 부딪힐 수밖에 없다. 해결 방법은 두 가지로 압축된다.

시스템화를 통한 사업 구조 전환이 첫 번째 방법이다. 장사를 시스템화해 내가 직접 일하지 않아도 현금흐름이 지속되도록 만드는 것이다. 이는 노동소득을 사업소득으로 대체하는 전략이다.

자산소득으로의 전환이 두 번째 방법이다. 노동소득에서 자산소득으로 대체하거나, 두 가지를 함께 가져가는 전략이다. 건물을 매입해 내 건물에서 장사하는 것이 대표적 사례다. 장사를 통해 현금흐름을 늘리는 동시에 건물 자산의 가치를 상승시키는 이중 효과를 누릴 수 있다.

부동산 자산은 노후 대비 보험으로써도 중요하다. 자영업을 정리할 때 남는 것은 건물 자산이며, 건물에서 나오는 임대료로 생활하거나 매각 시세차익으로 노후를 보낼 수 있다.

장사는 본질적으로 노동소득에 가깝고, 노후까지 같은 컨디션으로 할 수 없다. 수명 연장으로 노동 기간이 길어질 수밖에 없는 상황에서, 자영업 사장님들은 장사가 잘될 때 빠르게 자금을 모아 자산을 확보하는 것이 필수가 된 시대에 살고 있음을 명심해야 한다.

3. 건물주 갑질: 세입자의 현실과 해결책

건물주와 세입자의 이해관계는 서로 상충한다. 세입자의 설움을 안 겪어본 자영업자는 없을 것이다. 물론 10년간 월세를 안 올린 건물주처럼 착한 임대인도 많지만, 건물주와 세입자는 근본적으로 상반된 입장에 있다.

건물주의 관점은 자산 보호에 초점이 맞춰져 있다. 건물에 문제가 생기면 세입자에게서 책임을 찾고, 건물 가치가 임대 수익에 비례하므로 시세에 맞게 임대료를 조정한다. 공실 기간을 줄이기 위해 깨끗한 상태로 원상복구를 요구하는 것도 자산 가치를 지키기 위한 당연한 행위다.

세입자에게는 이 모든 것이 부담이다. 누수 같은 건물 하자도 책임을 떠안고, 열심히 장사해 동네를 활성화했는데 임대료만 오르는 아이러니한 상황을 맞는다. 계약 만기일은 불안한 시간이 되고, 시설 투자한 것도 퇴거 시 모두 철거해야 한다.

장사를 잘해서 동네가 살아나고 트래픽이 늘어나면서 주변의 임대료가 오르게 되면, 계약 만기일이 두려워진다. 재계약 시 임대료 5% 상한이 있지만, 급격하게 트래픽이 올라가는 지역에서는 의미 없는 숫자일 수 있다.

기존의 월세가 낮았기 때문에 10% 이상 요구하는 경우도 많고, 이를 들어주지 않으면 다양한 방법으로 갑질이 들어올 수 있다. 이제 장사가 자리를 잡았기 때문에 임대료 10% 인상이 불합리하지만 장사를 더 잘해서 월세를 내자는 마음으로 받아들일 수밖에 없다.

정부 통계로도 확인되는 현실이다. 중소벤처기업부에서 진행한 2023년 상가건물임대차 실태조사에 따르면, 건물주에게 갑질을 당한 소상공인이 20만 명을 넘고, 부당한 요구를 받은 임차인 중 48%는 약자라서 요구를 수용했다.

임대차 분쟁의 주요 원인은 원상복구 범위와 권리금 수수 방해가 전체의 50%를 넘는다. 이는 사장님 입장에서 가장 큰 비용이 들거나 손해를 보는 사항들이다. 수리비 미지급, 보증금 미반환, 월세 과다 인상 등도 세입자에게 부담이 되는 항목들이다.

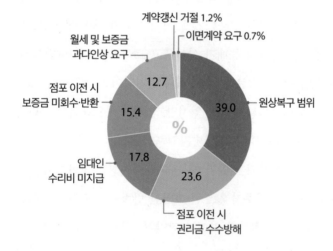

임대차 분쟁 종류(출처: 중소벤처기업부)

계약갱신 거절 1.2%
이면계약 요구 0.7%
월세 및 보증금 과다인상 요구
점포 이전 시 보증금 미회수·반환
임대인 수리비 미지급
12.7
15.4
17.8
39.0
23.6
%
원상복구 범위
점포 이전 시 권리금 수수방해

건물주의 갑질과 횡포에 대해서는 언론에도 자주 등장하는 소재이다. 상식에 어긋나는 행위들이 나오면 눈살을 찌푸리게 된다. 법적인 테두리를 넘어서 온갖 영업을 방해하는 행위들이 많다. 그 때문에 세입자는 부당한 요구를 받아들일 수밖에 없는 숙명이다.

건물주가 나쁜 사람이라서가 아니라 재산권을 지키고 가치를 향상하기 위한 당연한 행위가 과도해질 때 갑질이 된다. 세입자에서 건물주가 되면 입장이 바뀌고 생각도 바뀌게 된다. 결국 입장 차이에서 발생하는 분쟁이다.

유일한 해결책은 내 건물에서 장사하는 것이다. 그전까지는 이런 형태의 갑질을 피하기 어렵고, 어떤 건물주를 만나느냐의 운에 달려 있다. 오랫동안 안정적으로 장사하기 원한다면, 결국 내가 건물주가 되어야 한다.

자영업자가 건물주가 되는 것은 단순한 자산 형성의 의미를 넘어, 사업의 안정성과 독립성을 확보하는 필수 전략이다. 갑질의 피해자가 아닌, 자신의 운명을 스스로 결정할 수 있는 위치로 올라서는 것이다.

4. 장사가 계속해서 잘된다는 착각

사장님들을 대상으로 강의를 하고 사업을 하다 보니 장사를 잘하는 분들도 자주 만나게 된다. 업종도 다양하고 경력도 다양하다. 확실한 건 본질에 충실하고 그 본질을 알리는 걸 잘하는 사장님들이 장사도 잘한다. 하지만 마찬가지로 대부분 건물 매입에 대한 생각을 못하고 월세만 충실히 내왔던 사장님들이다.

나름 성공을 한 사장님들도 결국엔 비슷한 후회를 한다. "대표님을 3년 전에 알았더라면", "'장사는 건물주다'를 미리 알았더라면" 등과 같은 말을 자주 듣는다. 이들은 과거 매출이 높고 영업이익이 좋았을 때, 현금흐름을 높이기 위해 지점 확장에만 집중했다. 힘든 만큼 소비도 컸다고 한다. 몇 년 전 확장 대신 건물 매입에 투자했다면 충분히 가능했을 것이라며 후회한다.

예전엔 장사가 잘되던 시절이 있었지만, 지금은 매출과 현금흐름 모두 줄어든 상태다. 당시엔 사업이 잘되니 확장만 생각했지, 건물 매입이라는 개념 자체를 알지 못했다. 막상 장사가 어려워지고 나서야 자구책을 찾다가 '건물주'라는 가능성을 인식하게 된 것이다. 사실 잠재적으로 건물주가 될 자격은 있었지만, 그런 개념을 모르고 계속해서 장사만 잘되리라는 착각 속에서 기회를 놓친 것이다.

외식업은 특히 트렌드 변화가 빠르고, 유행에 민감한 업종이다. 소비자들은 늘 새로운 것을 원하고, 인기 아이템이 뜨면 너도나도 창업에 뛰어들지만, 유행이 지나면 금세 사라진다. 모방도 쉬워서 음식 레시피, 영업 방식, 마케팅, 플레이팅 등 거의 모든 것이 똑같아진다. 여기에 배달앱과 무인 시스템 같은 기술 변화까지 겹치면, 적응하지 못한 자영업자는 금세 뒤처진다. 코로나 사태처럼 예기치 못한 위기가 닥치면 버티는 것도 힘들다. 나 역시 이런 위기를 겪었지만, 자산화를 통해 위기를 넘길 수 있었다.

그래서 장사가 잘될 때가 오히려 기회다. 100% 노동소득 구조에서 벗어나 자산소득으로 일부를 전환하는 포트폴리오 전략이 필요하다. 트렌드 변화, 쉬운 모방, 영업 환경 변화, 외부 충격 같은 4가지 리스크는 자영업자 누구에게나 닥칠 수 있는 현실이다. 피할 수 없다면 준비라도 해야 한다. '건물주'는 단순한 꿈이 아니라, 장기적으로 안정적인 사업을 원한다면 꼭 생각해야 할 현실적인 선택지다. 평생 노동에만 묶이지 않으려면, 이제 자산은 필수다.

건물주가 되기 위한 필수 '3요소'

건물주가 되기 위해선 어떤 것을 갖춰야 할까? 레버리지 피라미드의 경험을 통해 깨달은 중요한 사실이 있다. 당장 현금자산이 부족한 자영업자가 빠르게 건물주가 되려면 3가지 필수 요소를 갖추어야 한다. 바로 지식(공부), 현금흐름(매출 향상), 보유 자금(초저축, 초절약)이다.

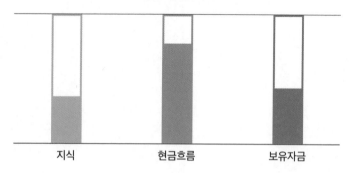

건물주 필수 3요소

1. 지식(공부)

부동산 전문 지식의 중요성은 아무리 강조해도 지나치지 않다. 상업용 건물의 이해, 매입 과정, 건물 분석, 상권/입지 분석, 수지 분석, 대출, 계약, 매각 등 건물 소유의 전 과정에 대한 지식을 습득해야 한다.

충분한 지식 없이 잘못 매입했을 때의 위험은 크다. 환금성이 떨어지는 부동산은 철저한 분석 후 매입해야 한다. 건물을 잘못 사면 국가에 토지를 빼앗기거나 단독으로 개발하지 못하는 경우도 있다. 전문가 자문 없이 매입한다면 반드시 깊은 공부가 선행되어야 한다.

2. 현금흐름(매출 향상)

간단히 말하면 현금흐름은 장사를 통해서 매출을 향상하고 기타 소득을 늘리는 것이다. 좋은 현금흐름을 만들기 위해서 장사를 먼저 잘해야 한다. 장사 매출이 높아도 재투자나 지출이 크다면 현금흐름은 낮은 것이다. 현금흐름을 높이려면 매출 증가와 지출 감소가 동시에 필요하다.

사업소득 외에 추가 소득을 늘릴 수 있는 방안을 마련하는것도 좋다. 부업을 하거나 안정적인 금융자산에 투자를 하는것도 방법이다.

대출 상환 능력도 중요하다. 월세 지불 능력이 있고 그 이상의 여유가 있다면 대출 레버리지를 극대화할 수 있다. 이는 결국 자기자본 투입을 최소화한다는 의미다. 자영업자는 현금흐름에서 직장인보다 유리하므로 이를 최대한 활용해야 한다.

3. 보유 자금(초저축, 초절약)

보유 자금은 늘어난 현금흐름을 통해서 초저축하고 초절약해서 자금을 늘리는 것이다.

보유 자금에서는 순수 현금이 중요하다. 보유 자금은 건물 매입에 필요한 현금, 즉 레버리지를 제외한 순수 자기자본이다. 매출을 기반으로 지출을 줄이고 저축을 늘려 최대한 빠르게 보유 자금을 확대해야 한다.

보통 불필요한 소비가 문제를 일으킨다. 현금흐름이 좋은 자영업자들은 과도한 소비 성향을 보인다. 명품과 외제 차 같은 큰 지출뿐 아니라 월별 품위 유지비용과 고급 레저 활동 소비가 크다. 이러한 소비만 줄여도 저축액은 크게 늘어난다.

돈을 버는 능력은 좋지만, 돈을 아끼는 능력과 모으는 능력이 부족한 경우를 많이 보았다. 보유 자금이 늘어나게 되면 건물 매입에 속도를 낼 수 있게 된다.

3요소의 활용 전략

3요소 중 한 요소라도 매우 강하다면 즉시 건물 매입이 가능하다. 각 요소별로 매입에 활용할 수 있는 전략을 살펴보자.

보유 자금이 충분한 경우가 가장 이상적이다. 최고 입지의 건물을 즉시 매입할 수 있다. 누구나 좋은 입지를 알지만 가격 때문에 고려하지 못할 뿐이다. 현금이 많으면 대출이 적어 이자 부담도 줄어든다. 필요하다면 전문가를 고용해 좋은 건물 선택과 계약 도움을 받을 수 있다. 그동안은 돈이 많은 자산가와 투자자들이 주로 했던 건물 투자의 전형적인 모습이다.

현금흐름이 매우 좋은 경우도 유리하다. 보유 자금이 부족해도 다양한 레버리지를 활용해 건물을 매입할 수 있다. 100% 레버리지 활용도 가능하나, 이자를 충분히 감당할 수 있는 현금흐름이 전제되어야 한다.

지식 수준이 높은 경우도 강점이 된다. 시세보다 저렴한 급매를 찾는 능력과 계약 협상력으로 최소한의 자금으로 건물을 매입할 수 있다. 시세보다 10% 이상 저렴하게 매입해 보유현금을 최소화하고, 높은 수익률로 이자를 내고도 월세가 남는 건물을 찾을 수 있다.

3요소는 상호 연관되어 있다. 지식이 늘면 좋은 매물을 찾을 수 있고, 매출 증가로 현금흐름이 늘어날수록 보유자금이 증가해 원하는 건물 매입이 가능해지고, 대출 이자를 감당할 수 있는 능력이 생긴다.

3요소 중 2가지만 높여도 건물 매입 가능성은 크게 높아지고, 나아가 3요소를 전부 갖추면 빠르게 건물주가 될 수 있다. 내가 마이너스 2억 원에서 6년 만에 18.2억 원대 마포 건물을 매입할 수 있었던 것은 이 3요소를 동시에 채워나갔기 때문이다. 자신의 상황과 장단점을 파악하고 잘할 수 있는 요소부터 강화해야 한다. 만약 무엇부터 해야 할지 모르겠다면 먼저 해야 할 것은 지식을 높이는 것을 추천한다.

현실적인 건물주 로드맵

대부분의 자영업자는 3요소 중 현금흐름에 강점이 있지만 건물 지식과 보유 자금이 부족한 경우가 많다. 현금흐름의 강점을 활용해 보유 자금을 마련하면서 동시에 건물 공부를 진행해야 한다.

건물주 로드맵의 첫 시작은 관심과 공부이다. 모르는 것이 얼마나 위험한지 인식해야 한다. 자영업자들은 사업에 모든 시간을 쏟다 보니 재테크 공부 시간이 부족하거나 관심이 적어 주린이(주식어린이)와 부린이(부동산어린이)인 경우가 많다. 매출 향상에 집중하느라 투자 지식이 부족한 것이다.

건물을 사고자 한다면 건물 매입 이유를 정확히 파악하고, 건물 개념과 매입 단계별 이론과 스킬을 습득해야 한다. 전 재산을 투입하는 인생의 중요한 결정이므로 정확한 개념 숙지와 리스크 감소 작업이 필수다. 건물주 관련한 서적과 강의들은 시중에 쉽게 찾아볼 수 있다.

실거래 정보를 수집하는 것도 좋다. 어느 정도 이론을 알게 되었다면 최근 실거래 물건을 파악하고 직접 임장을 다니며 비교해야 한다. 일반적으로 50개 이상의 건물을 분석하면 매입 성공 확률이 높아진다.

시장 동향 파악도 중요하다. 상업용 부동산은 경기, 금리, 호재, 정책에 따라 변화가 크므로 부동산, 경제 관련 뉴스를 매일 확인해야 한다. 기준금리 하락과 거래량 증가는 매매가 상승 신호가 될 수 있다.

그다음 단계로는 매출 향상을 통해 현금흐름을 늘리는 것이다. 현금흐름이 늘어나면 보유 자금도 더 빠르게 모을 수 있다. 매출을 극대화하는 것의 기본은 서비스 본질(외식업의 맛, 도소매업의 품질, 서비스업의 전문성)을 향상하는 것임을 잊지 말자. 이후 브랜딩과 마케팅을 통해 신규 고객 유치와 재방문율을 높이는 것도 좋다.

사업 자금 활용도 고려할 만하다. 매출이 안정화되고 영업이익이 증가하면 영업장 투자가 필요한 시점이 온다. 정부나 기관의 사업 자금과 사업자대출을 활용해 서비스 품질을 높이고 매출을 극대화할 수 있다.

세 번째는 초저축, 초절약이다. 여기서는 양면 전략이 필요하다. 매출 증대와 동시에 지출 최소화가 중요하다. 사업

지출은 원가 절감, 재고 관리, 세금 관리 등의 방법을 통해 줄일 수 있다. 개인지출은 과소비를 하지 않고 고정 비용을 줄이면 관리할 수 있다. 최적의 생활비만 지출해야 한다. 매출이 올라간 상태에서 사업 및 개인 지출이 줄어들면 저축액이 급속도로 올라간다. 뻔할 이야기일 수 있지만, 보유 자금이 없었던 자영업자가 짧은 기간에 건물주가 된 사례를 보면 전부 초절약, 초저축을 실천했다.

보유 자금이 1억 원밖에 없던 한 곰탕집 사장님이 있었다. 그분은 300일 이상을 가게에서 숙식하며 생활비를 최소화했다. 악착같이 돈을 모았고, 결국 3년 만에 14억 원대 대로변 건물을 매입했다. 돈을 벌려고 마음을 먹으면 남는 시간에 돈을 벌 궁리를 한다. 결국 모든 수를 써서 돈을 모아야 하므로 돈을 쓸 시간조차 없다. 적은 금액이라도 아껴서 추가 수익을 발생시키면 돈은 무섭게 모이게 된다.

나 또한 경험이 있지만, 돈이란 것은 철저하게 관리해야 한다. 매일 매장 매출, 온라인 매출을 기록하고, 매월 저축 목표액을 설정했다. 월이 끝나기 3일 전인데 저축액이 900만 원밖에 없다면, 남은 100만 원은 무슨 수를 써서라도 만들어 냈다. 매출을 못 올리면 가지고 있던 물건을 중고로 팔더라도 1,000만 원을 채웠다.

네 번째는 물건 임장이다. 임장에도 체계적인 접근이 중요하다. 무작정 다니지 말고 내게 맞는 건물 기준을 정립하고 기준에 맞게 매물을 분석하고 임장해야 한다. 많은 비교를 통해 최적의 건물을 찾는 과정이다.

임장을 효율적으로 하려면 시간을 잘 활용하는 것이 중요하다. 평소에 손품을 통해 매물을 충분히 확보해두고, 쉬는 날 몰아서 임장하는 방식이 효과적이다. 특히 급매는 타이밍이 핵심이라 영업을 마친 후 새벽이라도 가보는 걸 추천한다. 실제로 곰탕 사장님은 영업이 끝난 후 매일같이 새벽에 임장을 다니며 경험을 쌓았고, 덕분에 좋은 물건이 나왔을 때 바로 결정을 내릴 수 있었다.

다섯 번째는 레버리지 활용이다. 자금을 다양하게 조달할 수 있는 방식을 고려하자. 현금흐름을 늘려 보유 자금을 확보하는 동시에 추가 자금을 조성하는 방법을 모색할 수 있다. 거주 부동산 활용, 자금 차입, 투자자와 공동 매입 등 다양한 방법이 있다. 여기서 중요한 것은 안전하게 확장하는 것이다. 현금흐름이 좋다면 감당할 수 있는 범위 내에서 다양한 레버리지를 활용할 수 있다.

보유 자금이 넉넉하다면 이렇게 복잡한 로드맵은 없어도 될 것이다. 결국은 보유 자금이 부족한 상태에서 건물주의 자격을 갖추기 위해서 공부를 하고 현금흐름을 통해서 보유 자금을 확보하는 과정이 필요한 것이다. 자영업자가 건물주가 되어가는 과정은 건물 공부와 실제 매물 분석을 통해 자신에게 맞는 건물을 찾고, 나만의 콘텐츠를 더욱 뾰족하고 날카롭게 만드는 과정과도 같다. 건물주 로드맵을 차근차근 실행한다면, 세입자가 건물주가 되는 것은 충분히 가능한 일이다. 5장에서 다양한 로드맵들을 접해볼 수 있을 것이다.

99%가 모르는 레버리지 매직

레버리지의 종류

전세→월세 자가→월세	신용 대출	노란우산 공제대출
보험약관 대출	주류 대출	정책 자금 (매출 향상)

레버리지 매직은 현금흐름 관리와 다양한 자금 조달을 통해 레버리지를 극대화하는 것이다. 상업용 건물의 장점은 LTV^{Loan To Value, 담보인정비율}가 높다는 것이다. 건물 담보에 대한 대출 한도가 높아 매매가의 70~80%까지 담보대출이 가능하

다. 단, 감정평가액이 매매가와 같거나 높은 경우에 해당된다.

목돈은 자기가 살고 있는 집을 활용하면 만들 수 있다. 예를 들어 거주 부동산의 월세 전환으로 마련할 수 있다. 나는 마포 건물을 매입하고 마포 34평 재건축 아파트에 입주하기 전까지 월세를 유지했다. 현금흐름이 좋아 전세로 살 수 있었지만, 월세를 선택해 목돈을 빠르게 모아 부동산에 투자한 셈이다.

주거용 부동산 활용

전세에서 월세로 전환하는 방법도 있다. 전세 3억 원이라고 가정할 때, 같은 단지의 같은 평수를 월세(보증금 1억 원/월세 80만 원)로 이사하면 2억 원의 목돈이 마련된다. 전세에서 월세로 전환 시 1억 원당 월세 30~40만 원 정도로 계산하면 된다.

보증금은 낮추고 월세는 높이는 전략도 가능하다. 예를 들어 보증금 5천만 원/월세 100만 원 조건이 있다면, 목돈 2.5억 원이 마련된다. 2.5억 원을 모으려면 2년 이상 걸리지만, 주거 형태 전환으로 빠르게 목돈을 확보할 수 있다.

주거 수준 조정도 방법이다. 월세가 낮은 단지나 평형이 작은 곳으로 이사하면 주거비용과 월세를 낮출 수 있다. 예를 들어, 구축아파트 소형 평수나 빌라로 이사하는 것이다.

전세자금대출 활용도 가능하다. 전세금에 대해 전세보증금의 80%까지 대출받을 수 있다. 전세자금대출은 소득수준에 따라 저리로 받을 수 있어 월세 전환보다 유리할 수 있다.

자가 활용 방법도 있다. 자가인 경우 전세를 주고 월세로 이사 가는 방법이다. 예를 들어, 10억 아파트에 대출이 3억 원 있다면, 전세 시세가 6억 원일 때 대출이 있으므로 전세를 5억 원 정도 받을 수 있다. 전세금 5억 원을 받고 다른 아파트로 보증금 1억 원/월세 150만 원으로 이사하면 목돈 4억 원이 발생한다.

단, 현실적인 고려 사항을 잊어서는 안 된다. 월세 전환 시 부담 관리가 중요하다. 월세 부담이 커지므로 꾸준히 감당할 수 있는 현금흐름이 확보되어야 한다. 즉, 자산 전략의 균형을 유지해야 한다. "아파트를 팔고 건물을 사야 할까요?"라는 질문에 대해, 건물 매입으로 콘텐츠를 통해 가치를 올릴 수 있는 경우가 아니라면, 아파트 매각보다 현재 가치를 활용한 레버리지 자금 활용을 추천한다. 건물 매입도 중요하지만 안정적인 생활환경이 우선이다.

대출

개인 신용을 활용한 대출로도 돈을 마련할 수 있다. 건물 담보대출과 별개로 개인 종합소득을 기준으로 신용대출이 가능하다. 개인 신용이 좋다면 사업자는 매출에 비례해, 직장인은 연봉에 비례해 대출 한도가 결정된다. 당장 사용할 계획이 없다면 마이너스통장으로 설정해 필요할 때만 사용하는 것이 유리하다. 배우자가 직장인이라면 사내복지기금이나 신용대출을 활용하는 방법도 있다.

온라인 비교 플랫폼 활용도 유용하다. 핀다, 토스뱅크, 카카오뱅크 등의 플랫폼을 통해 손쉽게 한도와 금리를 비교할 수 있다.

'노란우산 공제계약대출'은 숨겨진 기회다. 노란우산공제 계약자에 한해 납부부금 내에서 대출이 가능하며, 일반 금융기관보다 낮은 금리와 신속한 심사가 장점이다. 사업 규모에 따라서 대출한도는 정해진다. 많은 자영업자들이 노란우산공제에 가입하지만 대출상품이 있다는 사실은 모르고 있다.

보험약관대출 역시 현명한 자금 조달 방법이다. 생명보험, 실손보험, 연금보험 등에서 납입한 금액의 90% 범위 내에서 대출받을 수 있다. 이미 납입한 금액 내에서 받는 대출이라 금리가 낮고, 서류 없이 당일 대출이 가능하다. 중도상환수수료도 없어 자금이 생길 때마다 상환할 수 있어, 활용도가 높은 인기 상품이다.

주류를 납품받는 가게를 운영한다면 주류납품 업체에서 무이자 주류대출을 받을 수 있다. 주문량에 따라 한도가 결정되는데, 계약 조건 확인이 필수다. 무이자라는 조건이 매력적이지만, 계약서를 꼼꼼히 확인해야 한다. 주류 납품 단가 인상 가능성과 연체 시 위약벌 조건을 반드시 검토해야 한다. 상환기간이 2년 이내로 짧아 매월 납입액이 크다는 점도 주의해야 하는 요소다.

성공 사례도 있다. 다점포 운영 사장님의 경우 2억 5천만 원을 무이자로 대출받아 건물 매입 자금으로 활용한 사례가 있다. 기존 주류 업체의 서비스나 대출 한도가 불만족스럽다면, 업체 변경 시점에 대출을 받는 방법도 고려할 수 있다.

정책자금

간접적 레버리지로서의 정책자금이 있다. 각종 정책자금을 사업 투자에 활용해 매출과 현금흐름을 증대시키는 방법이다. 주의 사항으로는 정책자금을 직접 건물 매입에 사용하면 대출 목적에 부합하지 않아 적발 시 환수될 수 있다.

지원 분야 역시 다양하며, 정부와 기관에서는 금융, 기술, 인력, 수출, 창업 등 여러 분야에서 지원사업을 진행한다. 당연한 일이지만 많은 자영업자들이 이런 지원 사업을 모르고 있다. 정보를 검색하는 방법은 간단하다. 중소벤처기업부의 기업마당(https://www.bizinfo.go.kr)에서 각종 지원사업 공고를 검색할 수 있다. 정책자금 카테고리에서 지역별 공고를 확인하면 된다. 지원 기관도 다양하다. 신용보증기금, 소상공인시장진흥공단, 기술보증기금, 중소벤처기업진흥공단, 지자체 등이 있다. 각 홈페이지에서 지원사업을 확인할 수 있다.

외식업 특화 자금도 있다. 외식업 자영업자라면 지자체의 식품진흥기금 융자사업을 고려해 보자. 식품위생법에 따른 영업허가를 받은 업소를 대상으로 최대 1억 원을 연 1~2% 저리로 대출한다. 정책자금의 본질은 마중물이다. 사업 성장을 도와 매출 향상과 현금흐름 증대의 가장 빠른 방법이 될 수 있다.

취득록세 카드 분할납부

취득록세 카드 분할납부를 하면 유동성을 확보할 수 있다. 상업용 건물의 취득록세는 매매가의 4.6%로, 10억 원 건물이면 4,600만 원, 20억 원 건물이면 9,200만 원의 큰 금액이므로, 자금계획 시 반드시 고려해야 할 항목이다.

건물 매매가만 생각하고 취득록세를 간과하면 건물 등기가 불가능해질 수 있다. 단기간에 수천만 원에서 수억 원을 마련하는 건 쉽지 않은 일이다. 이때 카드 활용 방안이 있다. 취득록세는 신용카드 할부로 납부할 수 있다. 카드사별로 3~6개월 무이자할부가 가능하며, 카드 한도가 부족하면 여러 카드로 나눠 납부할 수도 있다.

벤처기업 우대지원제도(취득세 감면, 재산세 면제 및 감면)

벤처기업 우대지원제도로 비용을 절감할 수 있다. 벤처기업은 기술 혁신성과 성장성이 우수한 중소기업으로, 다양한 우대지원제도가 있다. 상당한 부동산 관련 혜택을 받을 수 있다. 사업용 부동산 취득 시 취득세 75% 감면, 재산세 3년간 면제, 이후 2년간 50% 감면 혜택을 받을 수 있다. 세부 기준을 충족한다면 큰 비용 절감 효과를 얻을 수 있다. 단, 부동산(건물) 취득 시 건물 전체를 사업용도로 사용하여야 한다.

중소벤처기업 우대지원제도

세제
조특법 § 6②
지특법 § 58의 3②
	- 법인세·소득세 최초 벤처확인일로부터
	  최대 5년간 50% 감면
	· 대상: 창업벤처중소기업
	  (창업 이후 3년 이내에 벤처확인을 받은 기업)

	- 취득세 75% 감면
	- 재산세 최초 벤처확인일로부터 3년간 면제,
	  이후 2년간 50% 감면
	· 대상: 창업벤처중소기업은 최초 벤처확인일로부터 4년 이내,
	  청년창업벤처기업의 경우에는 최초 벤처확인일로부터 5년
	  이내 취득한 부동산

※ 출처: 중소벤처24 벤처확인종합관리시스템, https://www.smes.go.kr/venturein

레버리지 매직 예시

초기 자금 상황을 파악하고, 구체적으로 목표를 설정하자. 예시를 통해 1억 원을 모은 외식업 사장님이 20억 원 건물을 매입하는 방법을 살펴보겠다. 먼저 정책자금을 활용해 시설 투자를 진행했고, 이를 통해 서비스를 향상하고 매출을 증가시켜 매월 600만 원 저축이 가능한 현금흐름을 확보할 수 있다(정책자금 대출 이자는 매출에서 충당).

이후 꾸준히 건물 공부를 하면서 10개월 후 건물 매입을 목표로 설정한다. 기존 저축액 1억과 앞으로 10개월간 모을 6천만 원(600만 원 × 10개월)을 합쳐 1.6억 원을 확보하는 계획을 세웠다. 장사에 적합한 입지와 전용면적을 고려했을 때 20억 전후 건물이 적합하다는 결론을 내렸다. 이 경우 필요한 자기자본은 약 30%인 6억 원이 필요하다. 현재 1.5억 원을 확보했으니 부족한 금액은 4.5억 원이다.

이 정도의 큰 자금은 주거비용 최적화로 마련할 수 있다. 전세 3억 원 아파트에 거주하던 사장님은 과감한 결정을 내렸다. 같은 단지 내 월세(보증금 5천만 원, 월세 100만 원)로 이사하면서 2.5억 원의 추가 자금을 확보했다. 이는 단일 전략으로는 가장 큰 금액을 마련한 방법이다.

여러 대출 상품을 복합적으로 활용하는 것이 중요하다. 신용대출 5천만 원, 노란우산공제 3천만 원, 보험약관대출

2천만 원, 주류대출 2천만 원을 합쳐 총 1.2억 원을 마련했다. 이렇게 여러 대출 상품을 조합함으로써 단일 대출의 한도 제한을 우회하고 총 자금을 극대화했다.

총 5.3억 원을 마련하게 되었고, 레버리지를 활용한 이자는 약 219만 원 정도이다.

기존 영업장 처분 계획도 전략적으로 활용할 수 있다. 건물 매입 후 기존 영업장을 처분하고 새 건물로 이전할 계획을 세웠다. 기존 영업장의 보증금 4천만 원과 권리금 3천만 원(보수적으로 계산)을 합쳐 추가로 7천만 원을 확보할 수 있다.

자, 이렇게 다양한 방법을 조합해 성공적으로 자금을 구성했다. 총 6억 원을 마련함으로써, 초기 자본이 1억 원밖에 없던 사장님이 20억 건물 매입을 위한 자금을 확보하게 되었다.

구분		금액	내용	월 지출액
현금	보유 자금	100,000,000		
	현금흐름 (월 저축)	60,000,000	월 600만 원 × 10개월 (정책자금 활용: 매출 향상)	
자산 레버리지	부동산	250,000,000	전세(3억 원) → 월세 (5천만 원/100만 원)	1,000,000

대출 레버리지	신용 (마이너스)	50,000,000	금리 5.00%	208,333
	노란우산공제	30,000,000	금리 3.50%	87,500
	보험 약관	20,000,000	금리 3.50%	58,333
	주류	20,000,000	무이자 /24개월 원금 상환, 계약 조건 중요	833,333 (24개월만 해당)
기타	보증금	40,000,000	기존 매장 보증금	
	권리금	30,000,000	기존 매장 권리금	
합계		600,000,000		2,187,499

이것이 바로 레버리지 매직이다. 보유 자금 1억 원으로도 적절한 레버리지를 활용하면 20억 원대 건물을 매입할 수 있는 자격을 갖출 수 있다. 현금흐름 관리와 다양한 자금 조달 방법을 전략적으로 활용한 성공 사례다.

건물 매입 실행 과정

이제 건물을 매입하는 과정에서 중요한 필요 자금 총액을 계산해 보자. 사장님은 매매가 20억 원인 건물을 찾았고, 부대비용이 약 6%인 1.2억 원과 입주 시 인테리어 비용 8천만 원까지 고려했다. 따라서 총 필요 자금은 22억 원(매매가 20억 원 + 부대비용 1.2억 원 + 인테리어 8천만 원)이다.

구분		금액	내용	월 지출액
총매입가	매매가	2,000,000,000		
	부대비용 (6%)	120,000,000	취등록세 4.6% 부동산 수수료 0.9% 등	
인테리어 비용		80,000,000		
담보대출	매매가*80%	1,600,000,000	금리 4%	5,333,333
필요 자금		600,000,000		
현금	보유+저축	160,000,000		
자산 레버리지	부동산	250,000,000		1,000,000
대출 레버리지		120,000,000	신용 외 3건	1,187,499
보증금 /권리금		70,000,000	기존 매장	
총 보유자금		600,000,000		7,520,832

담보대출 활용이 핵심이다. 매매가의 80%인 16억 원을 담보대출로 받았고, 이자율은 2025년 5월 기준 이자율은 4%

로, 월 533만 원의 이자가 발생한다. 보유 자금(레버리지 포함) 6억 원과 담보대출 16억 원을 합쳐 건물 매입과 인테리어에 필요한 총액을 충당할 수 있게 되었다.

월 이자 상환 계획도 철저히 세웠다. 다양한 레버리지를 활용한 이자 219만 원과 담보대출 이자 533만 원을 합해 총 월 이자는 약 752만 원이다. 사장님의 현금흐름으로 이 금액의 이자 납부가 충분히 가능했다(주류대출 원금 상환 후 월 669만 원).

레버리지 매직의 결과로 자산 확대 성공이 이루어진 것이다. 초기 보유 자금 1억 원으로 시작한 사장님이 현금흐름 관리와 다양한 레버리지를 활용해 가치가 20억 원인 건물의 주인이 되었다. 이것이 바로 '레버리지 매직'이다.

레버리지 매직에서 소개된 모든 항목을 다 사용할 필요는 없다. 각자의 상황과 감당할 수 있는 범위 내에서 선택적으로 활용하는 것이 바람직하다. 다음 주의 사항을 읽고 최대한 안전한 방식으로 레버리지를 잘 활용하길 바란다.

양면성 인식이 필수다. 장점이 있으면 단점도 있기 마련이다. 이런 레버리지 투자 방식은 안정적인 현금흐름이 반드시 뒷받침되어야 한다.

위험 요소 관리도 중요하다. 만약 사업이 어려워져 이자 상환이 힘들어지면 큰 재앙이 될 수 있다는 점을 반드시 염두에 두어야 한다.

적합한 대상을 알아야 한다. 결국 서비스의 본질이 뛰어나 탄탄하게 사업을 운영할 수 있는 사장님이라면 충분히 활용할 수 있는 방식이다. 사업의 기본기가 튼튼해야 레버리지 매직의 진정한 효과를 볼 수 있다.

이처럼 레버리지 매직은 단순히 대출을 최대한 활용하는 것이 아니라, 안정적인 사업 기반과 현금흐름을 바탕으로 계획적인 자산 확대 전략을 실행하는 것이다. 사업의 본질에 충실하면서 적절한 레버리지를 활용할 때 진정한 자산 증식이 가능해진다.

3장.

건물주가 되기 위한 필수 지식

아파트 투자와 건물 투자의 차이

아파트 투자의 특징

아파트는 부동산의 대표적 이미지다. 많은 사람들이 부동산을 떠올릴 때 가장 먼저 아파트를 생각한다. 내 집 마련이라는 목표와 실거주 목적의 매입이 일반적이며, 시세차익을 위한 투자도 활발하다. 아파트 투자의 특징으로는 무엇이 있는지 살펴보자.

우선 규격화된 상품 특성이 뚜렷하다. 부동산에 관심은 없어도 살아야 할 곳은 있어야 하니 친숙한 개념일 것이다. 주거용 부동산인 아파트는 선호하는 평수가 대체로 20평대, 30평대로 정해져 있다. 최근 신축 아파트들은 방 3개, 거실 1개, 화장실 2개 형태로 규격화되어 있어 비교가 용이하다.

가격 결정 요인이 명확하다. 아파트 가격은 교통 접근성, 생활편의시설, 교육 환경, 주변 환경, 각종 개발 호재 등에 의해 결정된다. 규격화된 면적으로 인해 가격 비교가 상대적으로 쉽다. 높은 거래 유동성이 장점이다. 아파트는 거래량이 많아 단지별로 명확한 시세가 형성되어 있고, 필요할 때 비교적 환금성이 좋은 편이다.

주택은 인간의 삶에 필수재이기 때문에, 정부는 주택 시장의 급격한 가격 변동을 억제하고자 지속적으로 개입한다. 특히 아파트는 대표적인 주거 형태로서 가격이 급등할 경우, 정부는 다양한 규제를 통해 시장을 통제하려 한다. 예를 들어, 대출 한도 축소, 양도소득세 및 보유세 강화, 취득세 중과 등은 아파트 가격 안정화를 위한 전형적인 규제 수단이다.

다주택자의 경우, 실거주가 아닌 투자 목적으로 아파트를 소유할 경우 시세차익에 대한 세금 부담이 상당히 크다. 이러한 이유로 다주택자는 추가 아파트 매입보다는 새로운 부동산 투자처를 찾는 흐름을 보이고 있다.

개별 가치 향상의 한계가 있다. 같은 단지의 같은 평수 아파트는 가격대가 비슷하게 형성된다. 고급 인테리어를 했다고 해도 가격 차이가 크게 벌어지지 않아, 한 가구의 가치를 개별적으로 향상하는 데 한계가 있다.

건물 투자의 차별적 특성

그렇다면 건물 투자의 경우는 어떨까? 건물 투자는 상대적으로 정부 규제로부터 자유로운 시장이다. 주택 시장과 달리, 상업용 부동산이나 수익형 건물 등은 실거주 개념이 아닌 수익성과 운영의 효율성이 핵심이기 때문에 규제의 강도나 방향성이 크게 다르다.

예를 들어, 건물 투자는 대출 규제에 덜 민감하고, 다주택자에 대한 중과세 적용에서도 벗어날 수 있는 구조를 가진다. 건물 내 임대 수익과 운영 전략에 따라 지속적인 현금흐름도 창출할 수 있어, 단순 시세차익 중심의 아파트 투자와는 다른 안정성과 유연성을 제공한다. 이러한 특징 덕분에 아파트 투자에서 규제로 인해 한계를 느낀 투자자들이 건물 시장으로 눈을 돌리고 있는 추세이다.

규격화가 없고 다양하다는 특징도 있다. 건물은 아파트와 달리 규격화된 형태로 건축되는 경우가 거의 없다. 토지 면적도 제각각 다르고, 그 위에 다양한 형태의 건축물이 세워진다. 땅의 모양과 건물의 층수도 모두 다양하다.

이처럼 규격화되어 있지 않아 시세를 파악하기가 어렵다. 건물 시세를 비교하기 위해 '평단가' 개념을 사용하여 1평당 시세로 비교한다. 아파트에 비해 거래량이 적고 매수 수요 규모도 작아 환금성이 떨어진다.

건물 투자는 공부하기 어려운 영역이기도 하다. 아파트에 비해 건물의 가치 분석과 정확한 시세 파악이 어려워, 새롭게 건물 공부를 시작하는 사람들은 많은 시행착오를 겪게 된다. 아예 감이 잡히지 않는다면 토지 중심의 가치 평가를 해도 좋다. 건물은 토지 위에 짓는 구조물이지만, 신축 건물이 아닌 이상 건물의 가격은 주로 토지의 가격으로 봐도 무방하다. 실질적으로 해당 토지를 매입한다고 생각해도 된다.

건물 가치를 평가하고자 한다면 감가상각을 이해해야 한다. 건물 매매가는 토지가와 건물가를 합친 금액이지만, 건물이 30년 이상 된 경우 건물 가격은 거의 없다고 간주할 수 있다. 토지가 갖고 있는 잠재적 개발 가치도 따져봐야 한다. 현재 2층 건물이지만 해당 토지에 5층까지 건축이 가능하다면, 그 토지의 가치는 더 높게 평가된다.

또한 아파트와 건물 투자를 비교하자면 가치 평가의 관점 차이가 있다. 아파트는 사용하는 공간에 초점이 있지만, 건물은 해당 토지의 입지와 허용 면적의 가치가 더욱 중요하다. 현재 건물의 형태보다 해당 토지에서 가능한 건축 범위가 더 중요한 요소다.

건물은 아파트에 비해 가치가 향상할 가능성이 더 높다. 건물은 디벨롭(신축, 리모델링 등)을 통해 가치를 향상할 수 있고, 직접 사용으로 수익률을 높여 가치를 증대할 수 있다. 디벨롭 능력이 있거나 수익률을 높일 수 있는 능력이 있다면, 아파트 투자보다 건물 투자를 우선적으로 고려할 만하다.

레버리지 활용 가능성이 높다. 건물의 가장 큰 장점은 대출 레버리지를 적극적으로 활용할 수 있다는 점이다. 상업용 건물은 경제 활성화를 위한 부동산으로서, 정부의 규제가 주거용 부동산보다 상대적으로 덜하다. 과도한 규제는 오히려 경제 활동을 저해할 수 있기 때문이다. 또한 정부 규제가 적다는 것은 대출이나 세금에 대한 변동성이 적다는 의미이기에, 이로 인해 건물의 운영 및 매각에 있어 더 정확한 예측이 가능하다.

아파트(주거용 부동산)	건물(상업용 부동산)
규격화된 면적(20평대, 30평대)	같은 구조 및 조건의 건물이 없음
명확한 시세, 투명한 시장	거래량이 적고, 시세 파악이 어려움
환금성이 좋음	환금성이 상대적으로 낮음
가치 향상 한계	토지 기반이고 가치 향상 가능
부동산 정책에 따라 대출, 세금 규제	주거용 부동산 대비 규제가 적음

건물 투자의 양면성

아파트 투자에 비해 좋은 점도 분명 있지만, 건물 투자를 진지하게 생각한다면 장점과 단점의 균형을 고려해야 한다. 건물은 레버리지를 활용한 가치 향상의 가능성이 크고 규제에서 상대적으로 자유롭다는 장점이 있다. 반면에 환금성이 낮고 가치 판단이 어렵다는 뚜렷한 단점도 존재한다.

사전 학습도 절대적으로 필요하다. 이러한 특성 때문에 건물 매입 전에 충분한 공부와 시장 조사가 필수적이다. 아파트처럼 규격화된 상품이 아니기에 더 많은 전문 지식이 요구된다. 또한 충분한 준비 없이 건물을 매입했다가는 매각이 어려워질 수 있고, 공실 발생 시 월세 수입 없이 대출 이자만 내야 하는 상황에 처할 수도 있다.

그러니 건물 투자에는 전략적 접근이 필요하다. 장단점이 뚜렷한 만큼, 충분한 매입 준비와 철저한 시장 조사를 통해 안정적인 투자 계획을 수립해야 한다. 현금흐름 관리 능력과 장기적 안목이 성공적인 건물 투자의 핵심 요소다. 이제 건물 투자의 장단점을 본격적으로 살펴보자.

건물 투자의 장단점

건물 투자의 장점

건물 투자의 핵심 장점은 대출 레버리지 활용이다. 건물의 가장 큰 장점은 매매가의 70~80%까지 대출을 활용할 수 있다는 점이다. 이는 20~30%의 보유 자금만으로도 매입이 가능하다는 의미로, 앞서 설명한 레버리지 매직의 기반이 된다.

또한 한정적 토지의 가치 상승이 예측 가능하다. 토지는 마음대로 늘릴 수 없는 한정된 자원이다. 정해진 면적 내에서 인프라가 구축되고 인구가 이동한다. 인구가 줄어든다 해도 교통과 입지가 좋은 곳으로 사람들은 계속 모이게 된다.

화폐가치 하락에 대한 방어도 가능하다. 화폐가치의 하락으로 실물자산인 토지의 상대적 가치는 상승하게 된다. 실제로는 토지 자체의 가치가 오르기보다 화폐의 가치가 떨어져 상대적으로 가격이 오른 것처럼 보이는 측면도 있다.

　그동안 소비재 가격이 얼마나 상승했는지 살펴보자. 자장면 가격만 봐도 1970년엔 100원이던 것이 2003년엔 3,083원, 2023년에는 6,361원이 됐다. 50년 동안 63배, 최근 20년만 따져도 두 배 이상 오른 셈이다. 인플레이션으로 인해 재료비, 인건비, 임대료 같은 원가가 오르면서 자연스럽게 가격도 올라갔다.

　중요한 건 가치와 가격의 차이다. 자장면의 본질적인 가치는 50년 전이나 지금이나 그다지 다르지 않다. 오히려 양은 줄었을 가능성도 있다. 계속해서 만들어낼 수 있는 소비재임에도 불구하고 가격은 몇십 배나 뛰었다. 이건 단순히 자장면의 가치가 커졌기 때문이 아니라, 시간이 흐르며 돈의 가치가 떨어졌기 때문이다.

　그렇다면 계속 만들어낼 수 없는 자산, 예컨대 토지나 건물은 어떨까. 토지는 자장면과 다르게 원하는 만큼 생산할 수 없다. 공급이 제한된, 희소한 자산이다. 이 점에서 건물 투자는 꾸준히 물가가 오르는 인플레이션 시대에 안전한 자산을 확보하는 것이다. 실제로 도심이나 주요 상권처럼 입지가 좋은 지역의 지가는 시간이 갈수록 우상향 곡선을 그려왔다.

　소비재는 가격 상승의 결과를 '소비'로 끝내는 반면, 건물은 그 상승을 '자산'으로 남긴다.

능동적으로 가치를 창출할 수도 있다. 앞서 언급했듯이 건물과 토지의 가치를 직접 올릴 수 있는 방법이 있다. 디벨롭(신축, 리모델링)과 수익률 향상을 통해 가치를 적극적으로 증대시킬 수 있는 장점이 있다.

세금 측면의 장점

세금 측면에서도 건물 투자는 장점이 많다. 우선 법인 투자의 용이성이 있다. 주거용 부동산은 정부 규제로 인해 법인 투자가 어렵고, 다주택에 대한 양도세 세율이 매우 높다. 반면 건물은 법인 투자가 가능해 200억 원 이하의 시세차익에 대해 법인세 19%의 단일 세율이 적용된다.

종합부동산세 부담도 적다. 종합부동산세에서는 건물 자체는 부과 대상이 아니고, 토지에 대해서만 부과된다. 공시가격 합계액 80억 원을 초과하는 경우에만 과세되므로, 시세로 보면 약 200억 원 이하의 건물에는 종합부동산세가 부과되지 않는 것이 대부분이다. 이러한 세금 측면에서 건물은 주거용 부동산에 비해 훨씬 유리한 조건을 갖추고 있다.

건물 투자의 단점

장점이 많은 만큼 단점도 존재한다. 먼저 대출 이자 부담이 상당하다. 대출 레버리지를 활용하는 만큼 보유 자금은 적지만, 상대적으로 대출액이 크고 매월 납입해야 하는 이자 부담이 크다.

두 번째로 공실 리스크가 치명적이다. 임대 목적으로 건물을 매입했으나 공실이 발생하면 월세 수입이 없는 상태에서 대출 이자를 온전히 감당해야 한다. 단기간이라면 감내할 수 있지만, 6개월 이상 공실이 지속된다면 현금흐름에 심각한 문제가 발생할 수 있다. 실제로 1년 동안 공실로 매월 수백만 원의 이자만 내고 있는 건물주 사례가 있다. 다행히도 직접 사용하기 위해 건물을 매입한다면 공실 리스크 제거가 가능하다. 임대보다 직접 사용으로 더 높은 수익을 창출할 수 있다면 이상적인 투자가 된다.

세 번째로 금리 변동에 큰 영향을 받기도 한다. 대출 레버리지를 활용하는 만큼 금리 변동의 영향을 크게 받는다. 경기 침체나 고금리가 지속되면 월세 수입보다 이자 지출이 더 커질 수 있다. 공실보다는 낫지만, 매월 추가 이자 부담은 큰 부담이 된다.

네 번째로 수익률과 금리의 불균형이 발생할 수 있다. 일반적으로 건물의 수익률은 3% 전후인데, 금리가 4% 이상이면 월세보다 이자가 더 커진다. 금리는 오르는데 수익률은 고정되어 있어 부담이 계속 증가할 수 있다.

그래도 사업소득으로 대응할 수 있는 경우가 있다. 장사를 잘하는 자영업자가 건물주라면 5% 이상의 금리도 감당할 수 있다. 건물 대출 이자가 300만 원에서 500만 원으로 늘어도, 월매출 5,000만 원 이상인 자영업 사장님은 충분히 이자를 낼 수 있다. 매출 대비 임대료 비율이 약 10% 수준이므로 사업소득이 높으면 금리 영향을 덜 받는다.

내 건물을 모두 내가 쓰지 않는 이상, 임차인과의 관계도 갈등으로 이어질 수 있다. 많은 건물주들이 임차인 관리에 어려움을 겪는다. 건물주의 '갑질'이라는 표현도 있지만, 반대로 건물주가 세입자 눈치를 보는 경우도 많다. 월세를 잘 내는 우량 임차인이 나간다고 하면 걱정부터 앞선다. 임차인이 월세를 미납하거나 건물을 과도하게 사용해 시설에 문제가 생길 수도 있다. 까다로운 건물주 앞에서 세입자들이 힘들겠지만, 건물주도 그만큼의 스트레스를 받는다.

급히 현금이 필요해 건물을 매각하려 할 때, 매수자들은 명도 조건을 요청하는 경우가 많다. 기존 임대료가 낮거나 직접 사용이 목적일 경우가 많기 때문이다.

명도 협상에도 어려움이 있다. 임대차보호법에 따라 10년 보장이 필요하지만, 그 기간이 안 된 경우 건물 매각을 위해 세입자와 명도 협상을 해야 할 수도 있기 때문이다. 하지만 오랜 시간을 보낸 세입자에게 명도 이야기를 꺼내는 것은 매우 어려운 일이다.

만약 이런 단점들을 다루기 어렵다고 느낀다면, 직접 사용하면 갈등 요소는 자연스레 사라진다. 직접 사용 목적으로 건물을 매입한 경우 이런 문제가 애초에 해당하지 않는다. 세입자가 없어 갈등이 생길 일도 없다.

또한 비교적 자유롭게 매각할 수 있다. 건물 매각 시에도 본인 의지에 따라 명도할 수 있다. 임대수익률이 중요하다면 매각 후 리스백으로 월세를 맞춰 장사를 지속할 수도 있다. 리스백은 쉽게 말해 매각 후 재임대하는 것이다. 건물 관리도 효율적으로 가능하다. 직접 사용하면서 건물의 유지보수를 즉시 할 수 있어 시설물 관리 측면에서도 유리하다. 사업 기반도 안정적이라면, 직접 사용하는 전략은 자산을 빠르고 효과적으로 늘릴 수 있게 해줄 것이다.

장사를 잘하는 자영업자가 건물을 매입하고 직접 사용하게 되면, 건물 투자의 단점들을 대부분 보완할 수 있으며, 안정적인 투자가 될 수 있다.

건물 투자, 개인 명의 vs 법인 명의

법인과 개인, 어떤 방식으로 건물을 사는 것이 유리할까? 법인으로 건물을 매입할 수 있다는 사실을 모르는 분들도 많다. 개인과 법인의 장단점이 명확히 다르므로 정확한 정보를 바탕으로 결정해야 한다.

세금에서의 차이

가장 큰 차이점은 세금에서 나타난다. 건물 투자는 취득, 운영, 매각 단계별로 다양한 세금이 발생한다. 취득세, 소득세, 재산세, 양도세(법인세), 증여/상속세가 이에 해당한다.

먼저 건물 취득세는 기본 4.6%지만, 법인의 경우 특정 조건에서 취득세가 중과될 수 있다.

법인 매입 시 취득세율

구분	취득세	지방교육세	농어촌특별세	총 세율
기본	4%	0.4%	0.2%	4.6%
중과 (법인설립 5년 이내 과밀억제권역 내)	8%	1.2%	0.2%	9.4%
중과 (주택 84㎡ 이하)	12%	0.4%	1%	13.4%
중과 (주택 84㎡ 초과)	12%	0.4%	1.2%	13.6%

법인 명의로 매입 시 다음 세 조건에 모두 해당하면 취득세가 중과된다.

· 수도권 과밀억제권역 내에 법인을 설립하는 경우
· 설립한 지 5년 미만의 법인이 매입하는 경우
· 과밀억제권역 내의 건물을 매입하는 경우

정리하면, 과밀억제권역 내에 설립 5년 미만 법인이 과밀억제권역 내 건물을 매입할 경우 취득세 중과세율 9.4%가 적용된다.

중과세는 실질적으로 부담이 많이 되는 부분이다. 20억 원대 건물의 일반 취득세는 9,200만 원이지만, 중과세 적용 시 1.88억 원으로 약 9,600만 원의 추가 부담이 발생한다. 이는 상당한 금액으로 투자 수익성에 큰 영향을 미친다.

과밀억제권역 내 건물을 매입할 때, 비과밀억제권역에 신설 법인을 설립해 임대업으로 목적으로 운영하면 취득세 중과세가 적용되지 않는다. 비과밀억제권역 내 법인이 건물 매입 후 과밀억제권역 내에서 실제 사업장으로 사용하면 취득세 중과세 대상이 된다. 비과밀억제권역에서의 사업 운영은 문제가 없다. 과밀억제권역 내 건물을 매입하고 동 법인으로 사업장을 사용해야 하는 자영업자라면 취득세 중과 대상에 대한 고려를 해야 한다.

같은 법인 명의로 매입과 사업장 운영을 해야 한다면, 개인 명의로 건물을 취득하는 것도 방법이다. 개인 명의로 취득 시 취득세 중과는 없다. 취득세 중과는 부담이 크므로 건물 매입 전에 세무사와 상담을 통해서 명의를 정하는 것이 중요하다.

그리고 주택 포함 건물의 특별 규정이 있다. 법인 매입 시 건물 일부에 주택이 있으면, 전체 면적 중 주택 비율만큼 주택 중과세율이 적용된다. 잔금 전에 용도변경(주택→근생)을 조건으로 하면 중과세가 적용되지 않는다.

법인 설립 비용도 차이가 있다. 법인 설립 시 등록면허세 0.48%, 과밀억제권역 내 설립 시 1.44%의 비용이 발생한다.

재산세는 동일하게 적용된다. 재산세는 6월 1일 기준 소유자에게 과세되며, 개인과 법인의 세율 차이는 없다. 건물분 (7월)과 토지분(9월)으로 나뉘어 납부한다.

· 건물분 재산세 =
시가표준액 × 공정시장가액비율(70%) × 0.25%

· 토지분 재산세 =
공시지가 × 공정시장가액비율(70%) × 0.2~0.4%

※ 지방교육세 20% 별도

개인은 소득세 및 양도세가 5~45%인 반면, 법인은 200억 원 이하 19% 이하로 세금 측면에서 법인이 유리하다.

단기 매각 시 차이가 더 커진다. 개인의 경우 2년 미만 매각 시 40% 이상의 양도세율이 적용되지만, 법인은 하루 만에 매각해도 양도세가 아닌 법인세 개념으로 세금이 부과된다.

그리고 이중과세 가능성에 주의해야 한다. 법인으로 매입해 매각한 후 시세차익을 개인에게 배당하면 소득세가 발생해 이중과세 문제가 있다. 대부분 법인으로 건물 매각 후 그 자금으로 더 큰 규모의 건물을 매입하는 경우가 많다.

법인세율

과세표준	세율	누진 공제
2억 원 이하	9%	-
2억 원 초과 ~ 200억 원 이하	19%	2,000만 원
200억 원 초과 ~ 3,000억 원 이하	21%	4억 2천만 원
3,000억 원 초과	24%	94억 4천만 원

※ 지방소득세 10% 별도

소득세 및 양도세 세율

과세표준	세율	누진 공제	법인세 비교
1,400만 원 이하	6%	-	2억 원 이하 9%
1,400만 원 초과 ~5,000만 원 이하	15%	126만 원	
5,000만 원 초과 ~8,800만 원 이하	24%	576만 원	
8,800만 원 초과 ~1.5억 원 이하	35%	1,544만 원	
1.5억~3억 원 이하	38%	1,994만 원	2억 원 초과 ~200억 원 이하 19% (누진 공제 2,000만 원)
3억~5억 원 이하	40%	2,594만 원	
5억~10억 원 이하	42%	3,594만 원	
10억 원 초과	45%	6,594만 원	

※ 지방소득세 10% 별도

투자 수익에서 세금이 결정적 요소다. 건물은 규모에 따라 시세차익이 큰 투자다. 그만큼 세금 효율성이 수익률에 미치는 영향이 크다.

우선 개인 명의 양도세를 보면 상당히 부담스러운 수준임을 알 수 있다. 다음은 20억 원대 건물이 5년 후 30억 원이 되었을 때의 경우다.

- 양도차익 10억 원 / 장기보유특별공제(5년 10%)
- 세율 42%(누진 공제 3,594만 원) / 지방소득세 10%
- 양도세 약 3.76억 원

단기 매각 시 더 불리하다. 2년 내 매각하면 다음과 같이 된다.

- 세율 40%(2년 미만) / 지방소득세 10% 포함
- 누진 공제와 장기보유특별공제 적용 불가
- 양도세 약 4.4억 원

법인은 세율이 일관되고 낮다. 동일한 10억 원의 차익이 발생해도 다음과 같이 된다.

· 세율 19%(누진 공제 2,000만 원) 적용 / 지방소득세 10%

· 법인세 약 1.87억 원

· 개인 대비 세금 부담이 약 절반 수준

· 2년 미만 매각해도 동일한 법인세율 적용

운영, 대출에서의 차이

운영 측면에서는 개인과 법인의 각각 장단점이 있다. 개인은 별도의 운영 비용이 없는 대신 일부 항목만 비용 처리가 되어서 양도세 계산 시 공제 항목이 적다.

반면 법인은 법인설립, 세무기장, 사무실 운영 등 운영 중에 계속해서 비용이 발생한다. 그렇지만 사업 운영에 대한 경비를 인정받아 법인세를 줄일 수 있다. 건물 감가상각비, 대출 이자, 건물 수선비, 인건비(청소, 관리인 등), 공과금, 지급수수료(세무기장, 중개수수료 등) 등 대부분의 경비를 인정받는다.

자금 활용 측면에서는 개인이 유리하다. 법인은 자금사용에 제약이 많기 때문이다.

하지만 대출에서는 법인이 매우 유리하다. 앞서 밝혔지만 RTI Rental income to Interest, 임대업 이자상환 비율 적용 여부에 따라 대출 한도가 크게 차이가 나기 때문이다. 특히 고금리 환경에서는 대부분 법인을 활용해 건물을 매입한다.

이처럼 개인과 법인의 장단점은 뚜렷하고 세금과 운영,

대출 면에서 큰 차이가 발생한다.

소액 건물로 시세차익이 5억 원 이하로 예상되고, 장기보유를 고려한다면 개인이 유리할 수 있다. 다만 대출한도가 낮아서 매입이 어렵다면 법인을 고려해야 한다. 단기매매도 고려하고, 5억 원 이상 시세차익을 예상한다면 법인으로 매입하는 것을 추천한다.

개인과 법인 명의의 종합적인 비교를 표로 정리했으니, 잘 보고 결정하길 바란다.

개인 법인 비교표

구분		개인	법인
세금	취득세	4.6%	4.6% (과밀억제권역 5년 미만 9.4%, 주택 13.4~13.6% 중과) 등록면허세 0.48% (과밀억제권역 1.44%)
	재산세	매년 0.25~0.4% (건물, 토지)	매년 0.25~0.4% (건물, 토지)
	소득세	6~45%(근로소득 합산)	2억 원 이하 9% 200억 원 이하 19%
	양도세 (법인세)	6~45%	
	단기차익	1년 미만 50% 2년 미만 40%	
	장기보유 특별공제	해당	해당 없음

	증여, 상속	10~50%	가족법인으로 배당
운영	일반	해당 없음	법인설립, 세무기장, 사무실 임대료 비용 발생
	비용 처리	일부 비용만 공제	운영 비용 대부분 공제
	자금 활용	자금 활용 자유로움	자금 사용 제약
	대출	RTI 규제	RTI 규제 없음 (대출 한도 높음)

건물 사기 전에 꼭 알아야 할 것들

건물 투자를 위한 기본 용어들

건물 투자에 앞서서 필수적으로 알아야 할 용어들이 있다.

'대지면적'은 땅의 전체 면적으로 건물을 볼 때 중요한 인자이다. 건물의 매매가는 신축이 아닌 이상 대부분 땅의 가치이다.

'평단가'는 토지 $3.3\,m^2$당 단가를 뜻한다. 평단가를 기준으로 건물의 시세를 파악하고 비교할 수 있다. 건물의 면적이 각기 달라서 1평당의 단가를 기준으로 비교를 한다. 대지면적 40평, 매매가 20억 원의 건물이라면, 평단가는 5,000만 원이다. 1평의 가치가 5,000만 원이라는 뜻이다.

'건축면적'은 건물이 지어지는 바닥 면적으로 보통 가장 넓은 층의 면적을 말한다.

'연면적'은 건축물 각층의 바닥면적을 합친 면적이며, 지하층을 포함한 면적이다.

건물 매입에 있어서 건폐율과 용적률 개념은 가장 기본적이며, 개념을 확실히 인지하고 있어야 한다. 토지의 가치 판단과 개발가능성 평가에 중요한 인자이다.

먼저, '건폐율'은 대지면적 가운데 최대한 건축을 할 수 있는 면적을 나타내는 비율을 뜻한다. 건폐율은 건축면적을 대지면적으로 나눈 값으로 건축면적 $60\,m^2$, 대지면적 $100\,m^2$일 경우, 건폐율은 60%이다.

$$건폐율(\%) = \frac{건축면적}{대지면적} \times 100$$

'용적률'은 대지면적에 대한 건축물의 지상 연면적의 비율이다. 즉, 지상 연면적을 대지면적으로 나눈 값이다. 3층 건물 각층별로 $50\,m^2$, 대지면적 $100\,m^2$일 경우, 용적률은 50%이다. 용적률은 주어진 땅에 얼마나 건물을 높이 올릴 수 있는가를 정한다. 용적률이 높을수록 사용할 수 있는 면적이 커지고 수익률이 올라가게 된다.

$$용적률(\%) = \frac{지상의\ 연면적}{대지면적} \times 100$$

'용도지역'은 토지의 이용이나 건축물의 용도, 건폐율, 용적률, 높이 등을 제한함으로써 토지를 경제적이고 효율적으로 이용하고 서로 중복되지 않게 도시관리계획을 결정하는 지역이다. 주거지역, 상업지역, 공업지역, 녹지지역이 있다. 국토의 계획 및 이용에 관한 법률(국계법)에 따라 해당 용도지역별 건폐율과 용적률의 제한이 규정되어 있다. 국계법은 상위 개념의 규정이고 지역의 조례에 따라 건폐율, 용적률의 제한 규정에 차이가 있다.

건물 매물로 받게 될 용도지역은 주로, 제2종 일반주거지역, 제3종 일반주거지역, 준주거지역, 일반상업지역, 준주거지역이다. 앞으로 건물 분석 및 사례에 많이 등장할 기준이다.

용도지역		국계법 시행령 기준		서울시 도시계획 조례 기준	
		건폐율	용적률	건폐율	용적률
주거지역	제1종 전용주거지역	50% 이하	100% 이하	50% 이하	100% 이하
	제2종 전용주거지역	50% 이하	150% 이하	40% 이하	120% 이하
	제1종 일반주거지역	60% 이하	200% 이하	60% 이하	150% 이하
	제2종 일반주거지역	60% 이하	250% 이하	60% 이하	200% 이하
	제3종 일반주거지역	50% 이하	300% 이하	50% 이하	250% 이하
	준주거지역	70% 이하	500% 이하	60% 이하	400% 이하

상업 지역	중심상업지역	90% 이하	1,500% 이하	60% 이하	1,000% 이하
	일반상업지역	80% 이하	1,300% 이하	60% 이하	1,800% 이하
	근린상업지역	70% 이하	900% 이하	60% 이하	600% 이하
	유통상업지역	80% 이하	1,100% 이하	60% 이하	600% 이하
공업 지역	전용공업지역	70% 이하	300% 이하	60% 이하	200% 이하
	일반공업지역	70% 이하	350% 이하	60% 이하	200% 이하
	준공업지역	70% 이하	400% 이하	60% 이하	400% 이하

'임대수익률'은 건물의 가치와 밀접한 관계가 있는 지표이다. 수익률이 올라갈수록 건물의 가치는 올라간다. 계산식은 연간 임대료(월세 × 12개월)를 총 매입금액(매매가 + 부대비용)에서 보증금을 뺀 값으로 나눈 값이다.

$$\text{임대수익률} = \frac{\text{연간 임대료}}{\text{총매입금액} - \text{보증금}}$$

보통, 건물 소개자료의 임대수익률은 연간임대료 ÷ (매매가 - 보증금)으로 표현되기도 한다.

감정평가와 대출한도의 관계

건물 투자의 핵심 장점인 대출 레버리지는 감정평가액에 크게 영향을 받는다. 대출에서는 대출한도 결정 기준이 중요하다. 금융기관은 매매가와 감정평가액 중 낮은 금액을 기준으로 대출한도를 결정한다.

감정평가액이 정확히 무엇을 나타내는지 다시 살펴보자. 감정평가액이 매매가보다 높다는 것은 시세 대비 싸게 매입했다는 의미다. 반대로 감정평가가 매매가보다 낮다면 시세 대비 비싸게 매입했다는 뜻이며, 이 경우 대출은 매매가가 아닌 감정평가액 기준으로 산정되어 투입 자금이 늘어나게 된다.

매매가는 동일하지만 결과는 다르다. 매매가 20억 원의 A 매물과 B 매물이 있을 때, 감정평가 결과 A 매물은 20억 원, B 매물은 18억 원으로 평가됐다고 가정해 보자. 대출 80%를 적용하고 부대비용까지 고려하면 A 매물은 5.2억 원, B 매물은 5.6억 원의 현금이 필요해 1.6억 원의 차이가 발생한다.

같은 20억 원 매물이라도 감정평가액에 따라 투입 자금 차이가 크게 날 수 있다는 점이 핵심이다. 그러므로 관건은 높은 감정평가 매물을 찾는 것이다. 보유 자금은 적지만 현금 흐름이 좋은 자영업자라면, 감정평가액이 매매가 이상인 건물을 찾아내는 것이 유리하다. 이는 최소한의 초기 자본으로 최대한의 레버리지 효과를 얻을 수 있는 전략적 접근법이다.

구분	A 매물	B 매물	비고
매매가	2,000,000,000	2,000,000,000	
감정평가액	2,000,000,000	1,800,000,000	
대출 금액(80%)	1,600,000,000	1,440,000,000	MIN(매매가, 감정평가액) × 80%
현금 (매매가 - 대출)	400,000,000	560,000,000	
부대비용(6%)	120,000,000	120,000,000	
총 현금	520,000,000	680,000,000	1.6억 원 차이

접근 가능한 건물 투자

흔히들 건물이라고 하면 몇십억 원, 몇백억 원의 대형 건물을 상상하지만, 실제로는 장사하기 좋은 작은 규모의 건물들도 많이 존재한다. 프롭테크 서비스(밸류맵, 디스코 등)를 활용하면 10억 원 이하의 실거래가도 무수히 많은 거래 건수를 확인할 수 있다. 이런 작은 건물을 매입하기 위해 실제 필요한 현금도 보통 모른다. 감정평가액이 매매가 이상이고 매수자의 신용이 좋다면, 매매가의 80%까지 대출이 가능하다는 것을 잊지 말자.

건물이나 부동산을 매매할 때 단순히 매매가만 고려하면

안 되고, 부대비용까지 함께 계산해야 진짜 투자금이 얼마인지 알 수 있다. 부대비용 구성을 파악해야 한다. 건물 취득(잔금) 시 부대비용은 매매가의 약 6% 정도 발생한다. 이는 취등록세(상업용 건물) 4.6%, 법무사 등기 수수료 및 국민채권매입 등 약 0.5%, 부동산 중개수수료 0.9%로 구성된다. 법무사 등기 수수료와 부동산 중개수수료는 협의를 통해 조정 가능하다. 10억 원 건물이면 8억 원을 대출받고, 대출 외 현금(20%) 2억 원과 부대비용(매매가의 6%) 6천만 원으로 총 2.6억 원의 보유 자금이 필요하다.

건물 구입 예산 계획

대출 최종 심사는 계약 이후 잔금 전에 결정된다. 은행 담당자가 80% 대출이 나온다고 해도 최종 심사에서 대출이 줄어들 수 있다는 점을 유의해야 한다. 건물 매입 자금은 보수적으로 매매가의 30%를 책정하는 것이 적당하다. 매매가 10억 원일 경우 현금 3억 원이 필요한 것이다.

예산을 계획할 때 대출금에 대한 월 이자도 반드시 고려해야 한다. 10억 원대 건물에서 8억 원을 대출하면, 금리 5%일 경우 월 이자는 333만 원, 금리 4%일 때는 266만 원이다. 현재 금리를 고려해 감당할 수 있는 수준인지 파악하고 매입을 결정해야 한다.

건물 구입 예산 계획

매매가 × 30%	
대출 매매가 × 80%	현금 30% ━━━━━━ 대출 외 20% + 부대비용 등 10%

감평가 ≥ 매매가일 경우

10억 원 × 30%	
대출 8억 원 금리 5% 월 이자 <u>333만 원</u> 금리 4% 월 이자 <u>266만 원</u>	**현금 3억 원**

감평가 ≥ 매매가일 경우

간단히 규모에 따른 확장 계산도 해볼 수 있다. 20억 원대 건물이라면 단순히 위 금액에 2를 곱하면 된다. 20억 원대 건물은 현금 6억 원에 금리 5%일 경우 월 이자 666만 원, 금리 4%일 경우 532만 원이 필요하다. 매매가의 30%에 해당하는 현금이 부족하다면, 앞서 언급한 레버리지 매직을 활용하여 최소한의 현금으로도 건물을 매입할 수 있다.

대출, 이렇게만 하면 잘 받을 수 있다

건물 투자와 대출의 중요성

건물 투자는 대출 레버리지가 핵심인데, 대출 금액에 따라 필요한 자기자본이 결정된다. 건물 대출은 주로 1금융권 은행을 통해 이루어진다. 건물을 담보로 진행하는 대출은 보통 담보대출과 신용대출을 합친 금액이다.

$$건물\ 대출 = 건물\ 담보대출 + 차주\ 신용대출$$

담보대출은 건물 가치를 기준으로 산정된다. 계산 방식은 다음과 같다:

$$담보대출 = 건물\ 가치(감정평가액\ 또는\ 매매가\ 중\ 작은\ 금액) \times 담보인정비율(LTV)$$

담보인정비율은 비주택(토지, 오피스텔, 상가 등)의 경우 보통 60~70% 수준이다. 이 비율은 지역과 은행에 따라 차이가 있으니 주의해야 한다.

신용대출은 매수자의 신용등급, 연 소득, 기존 대출 및 연체 이력, 매수자가 운영하는 사업체의 신용 및 재무 상태를 반영해서 책정한다. 보통 매매가의 10~20% 정도로 보면 된다. 이게 현실적인 기준이다.

담보대출과 신용대출은 별도로 계산되지만 함께 적용된다. 두 대출은 한도와 금리가 각각 책정되며, 최종적으로는 두 대출을 합친 금액으로 최종 금리가 산정된다.

구분	A 매물	금리	월 이자
매매가(감정평가액)	2,000,000,000		
대출 금액(80%)	1,600,000,000	4.4%	5,866,667
- 담보대출(70%)	1,400,000,000	4.3%	5,016,667
- 신용대출(10%)	200,000,000	5.1%	850,000

높은 신용도로 대출 최적화하기

신용과 사업성이 우수할수록 당연히 더 많은 대출을 받을 수 있다. 매수자의 신용이 좋거나 사업체의 매출과 영업이익이 높은 경우, 매매가의 90%까지도 대출이 승인되는 사례가 있다. 이는 자기자본 부담을 크게 줄일 수 있는 기회다.

다음 표는 신용이 좋아서 13%까지 나왔을 때의 상황이다. 기존 대출보다 6천만 원 정도 대출을 활용할 수 있다.

구분	A 매물	금리	월 이자
매매가(감정평가액)	2,000,000,000		
대출 금액(83%)	1,660,000,000	4.43%	6,121,667
- 담보대출(70%)	1,400,000,000	4.3%	5,016,667
- 신용대출(13%)	260,000,000	5.1%	1,105,000

매매가보다 감정평가액이 높은 경우에 대출을 최대한 많이 받고자 한다면, 매매가에 취등록세를 포함해서 총 소요자금 기준으로 대출을 요청할 수 있다. 모든 은행에서 적용되는 건 아니지만, 대출이 부족할 경우 은행과 협의를 통해서 대출

한도를 늘릴 수도 있다.

대출 프로세스

대출은 기본적으로 다음과 같이 진행된다.

대출 탁상감정 및 대출한도 의뢰 – 계약
– 대출 서류제출(잔금 1달 전) – 대출 심사
– 대출 자서 – 잔금 시 대출실행

자, 이제 이 과정들을 살펴보자.

탁상감정과 사전 준비

건물을 계약하기 전, 다수 은행 탁상감정으로 대출한도를 확인해야 한다. 이를 통해 대략적인 대출 한도와 금리를 확인할 수 있다. 최소 3개 이상의 1금융권 은행에서 확인한 후 본 계약을 진행하는 것이 안전하다.

계약 전 대출 확정은 불가능하다. 계약서 작성 전에는 은행에서도 확실한 대출한도를 정하기 어렵다. 감정평가사의 탁상감정가를 기준으로 하지만, 담당자의 개인 의견이나 최근 사례가 반영된다. 결국 어느 정도 불확실성을 안고 계약을 진행할 수밖에 없다.

대출 한도는 현실적으로 파악하는 것이 좋다. 여러 은행의 상담을 통해 최소 대출한도를 확인할 수 있다. 매수자의 신용이 나쁘지 않다면, 매매가의 80%가 일반적인 최대 대출 한도로 볼 수 있다.

대출 진행 타임라인

대출 의뢰 기간은 여유롭게 준비해야 한다. 본격적인 대출 의뢰는 잔금 1달 전부터 시작해야 한다. 대출 심사는 2~3주 정도 소요되며, 잔금 일주일 전에 최종 심사 승인이 나오면 대출 자서를 진행하게 된다. 너무 급하게 진행하면 잔금일까지 승인이 나오지 않을 수 있으니 주의해야 한다.

모든 필요한 서류는 잔금 1달 전에 제출해야 한다. 이때 대출 요약서(건물 개요, 필요 대출, 자기 자금, 운영계획, 관련 서류)를 함께 제출하면 은행 담당자가 일을 더 수월하게 처리해 줄 수 있다.

직접 운영하는 건물이라면 사업계획서를 추가로 제공하면 유리하다. 건물의 가장 큰 리스크는 공실인데, 직접 운영하고 있음과 이자 상환 능력을 보여주면 은행의 신뢰를 얻을 수 있다.

대출 승인 과정과 주의 사항

은행 대출 담당자는 서류를 준비해 본사 심사역에게 의뢰하며, 심사역의 승인이 있어야 대출이 확정된다. 많은 초보 건물주들이 대출 담당자의 긍정적 반응만 믿고 기다리는 함정에 빠진다. 그러나 절대 그래서는 안 된다.

담당자의 업무 능력이 부족하거나 구식 방식으로 심사가 의뢰되면 거절될 수 있다. 경기침체, 연체율 증가, 환율 상승 등의 상황에서는 심사가 더욱 까다로워질 수 있다. 최근에는 대출 담당자가 잔금일을 착각해서 심사를 안 넣고 기다리고 있었던 적도 있었다.

대출 진행 상황에 대해 적극적 확인이 필요하다. 대출 의뢰 후엔 담당자에게 심사역 제출 여부, 심사 일정, 자서 일정을 명확히 요청해야 한다. 일주일도 남지 않은 시점에서 대출이 거절되는 사례도 적지 않으므로 시간 관리가 중요하며, 불확실한 상태로 둘 경우 최악의 상황을 초래할 수도 있다.

그동안 많은 이들을 건물주로 만들어 주면서 이런 경우가 여럿 있었다. 끈질긴 재심 요청과 읍소 끝에 잔금 전 대출을 받은 적도 있었다. 거절당했다고 포기하지 말고 무조건 재심을 요청하고 다른 조건을 변경하더라도 대출을 받아야 한다.

재심 요청에도 불가 판정을 받아서 타 은행(1금융) 심사역 출신의 대출 담당자를 수소문하여 일주일 만에 대출을 받은 경우도 있다. 심사역 출신 담당자여서 심사에 유리한 내용으로 서류를 만들고 긴급 심사로 진행했다. 잔금이 오후 2시였는데, 당일 오전 10시에 자서를 하고 오후에 잔금을 치렀다.

물론, 운이 많이 따랐다. 대출도 사람이 하는 일이다. 은행 담당자도 계약금 손실 같은 큰 피해를 원치 않는다. 상황을 명확히 설명하고 적극적으로 요청하면 함께 해결책을 찾을 수 있다.

1금융권에서 막혔다면 2금융권을 알아보거나 브릿지 대출을 활용할 수 있다. 브릿지 대출은 1~2달의 짧은 기간에 고금리로 대출해 주는 상품이다. 부득이하게 다른 방법이 없다면 이를 통해 시간을 벌고 다른 은행을 찾는 전략이 효과적이다.

은행의 입장을 이해해보면 협상에 도움이 된다. 은행은 대출 이자가 주요 수입원이다. 대출을 많이 할수록 수익은 늘지만, 상환 불능이나 연체는 손해다. 따라서 은행은 신용과 사업 능력을 꼼꼼히 평가한다. 이자를 안정적으로 납부할 수 있는 사업장이라면 은행도 대출에 긍정적이다.

대출 시 명의

건물 취득은 개인 또는 법인 명의로 할 수 있으며, 명의 선택에 따른 대출 한도 차이가 있다. 결론부터 말하면 법인 명의가 유리하다. 이는 각 방식에 적용되는 심사 기준이 다르기 때문이다.

개인 명의로 건물을 취득할 경우, 대출 심사 시 RTI 기준이 적용된다. 이는 임대수익 대비 이자의 비율을 의미한다.

$$RTI = \frac{임대소득}{대출\ 이자} > 1.5$$

비주택 임대업 기준 RTI는 1.5 이상이어야 한다. 쉽게 말해 임대소득이 월 150만 원이라면, 대출 이자는 월 100만 원을 초과할 수 없다. 실제 사례로 이해를 해보자. 예를 들어 매매가 21억 원, 보증금 1억/월세 500만 원, 수익률 3%인 건물이 있다. 대출 이자는 임대소득에서 1.5를 나눈 값 이하여야 한다. 따라서, 월 이자 333만 원(500만 원/1.5)이 최대치이다. 그리고 금리 4%를 적용해 보면 대출 가능 금액은 최대 10억 원이 나온다.

개인으로 매입할 경우, 매매가 21억 원에서 보증금 1억 원과 대출 10억 원을 제외하면 10억 원의 현금이 필요하다. 고금리 환경에서 현금 부담이 가중된다. 결국 고금리 시장에서 개인 명의로 건물을 매입하려면 상당한 자기자본이 필요하다. 단, 개인 신용이 좋다면, 추가로 대출을 받을 수 있다.

반면 법인 명의는 RTI 규제에서 자유롭다. 법인으로 매입할 경우에는 RTI 규제를 받지 않아 대출 한도가 훨씬 유연하다. 이는 더 많은 레버리지 효과를 얻을 수 있음을 의미한다. 법인이 없더라도 신규 법인을 설립해 대출을 받을 수 있다. 신규 법인은 재무제표가 없지만, 대표자의 신용이나 기존 사업체의 재무제표를 활용해 대출 심사를 진행할 수 있다. 대출뿐만 아니라 건물 투자에서도 개인 명의와 법인 명의의 차이는 다방면에서 드러난다.

대출은 언제, 어디서

주거래 은행이 최우선은 아니다. 대출 상담은 1금융권부터 시작하는 게 중요하다. 각 은행의 대출 조건은 시기와 내부 상황에 따라 달라지며, 같은 은행이라도 지점마다 실적과 대출 잔고에 따라 조건이 달라진다. 따라서 다양한 은행과 지점을 상담하고 비교하는 노력이 필요하다.

은행 대출 신청 후, 서류는 공동 전산망에 등록되어 다른 지점과의 상담 시 이전 상담 내용을 언급하는 것이 바람직하다. 각 지점은 경쟁 구조에 있어 더 좋은 조건을 제시할 수 있으며, 금리 차이는 사소하더라도 큰 절감 효과를 낳을 수 있다. 예를 들어, 16억 원 대출에서 0.1% 금리를 낮추면 1년에 160만 원을 절감할 수 있다.

대출을 받기 좋은 시기는 연초와 분기 초로, 이 시기에는 은행들이 더 적극적으로 대출을 승인하고 금리 할인 우대를 제공한다. 반면 연말은 대출이 어려워질 수 있으므로 피하는 것이 좋으며, 잔금일 역시 연초나 공휴일을 피하는 것이 유리하다.

잔금을 앞두고 대출이 확정되지 않거나 마지막에 거절되면 잔금을 치르지 못해 계약금을 잃을 수도 있다. 이를 항상 인지하라. 최악의 결과로 이어지는 함정에 빠질 수 있으니 충분한 시간 여유를 두고 대출 절차를 진행해야 한다.

대출 설계

대출이라고 모두 같은 조건으로 나오는 것은 아니다. 대출 의뢰를 할 경우 기간과 금리 종류(변동금리, 고정금리)를 선택해야 한다. 건물 대출은 일반적으로 3년 단위로 설정하는 경우가 많다. 대출액이 크기 때문에 금리에 민감하며, 장기간 설정 시 금리 예측이 어렵다는 현실적 이유가 있다.

단기 대출도 전략적인 선택지가 될 수 있다. 고금리 상태가 지속되어 1~2년 내 금리 하락 가능성이 높을 때는 1~2년 만기로 설정하고, 이후 낮은 금리로 연장하거나 타 은행으로 대환대출을 고려할 수 있다. 그러나, 경기 급감, 국제 정세 악화, 개인 신용 하락 시에는 만기 후 대출한도가 줄거나 금리가 오를 수 있다. 한도 감소분은 현금으로 상환해야 하므로 단기간에 목돈이 필요할 수 있다.

제일 무난한 선택은 3년 단위 대출이다. 이런 불확실성을 고려할 때 3년 단위로 대출 기간을 설정하는 것이 안정적인 전략이다.

금리는 변동 금리와 고정 금리로 나뉜다. 우선 고정금리는 예측이 가능하다는 장점이 있다. 대출 기간 이자 금액이 일정해 현금흐름 예측이 용이하다. 금리가 급격히 오르면 유리하지만, 급격히 떨어지면 시중금리보다 더 많은 이자를 내게 된다. 예를 들어 2019년에 3년 동안 고정금리 2.5%를 선택했다면, 2022년까지 금리가 4~5%까지 올라갔기 때문에 변동금리보다 훨씬 유리했을 것이다.

반대로 변동금리의 장점은 탄력성에 있다. 변동금리는 시장 상황에 따라 3~6개월 단위로 조정된다. 고금리 횡보 후 하락이 예상될 때는 변동금리가 유리할 수 있다.

은행이 어떻게 금리를 책정하는지 이해하면 선택에 훨씬 도움이 된다. 은행도 미래 금리를 예측해 금리를 책정하므로, 금리 하락이 예상될 때는 오히려 변동금리가 고정금리보다 높게 설정될 수도 있다. 정보 수집의 중요성, 즉 지식을 늘리는 것을 게을리하지 말자. 경제, 부동산 뉴스를 매일 아침 확인하는 습관이 도움이 된다. 기준금리 변동과 관련 요소들을 지속적으로 모니터링하면 금리 종류 선택에 실질적인 도움이 된다.

안정적인 대출 관리법

대출 원금 상환 방법

사장님들이 궁금해하는 항목 중 하나가 대출 원금 상환 방법이다. 많은 분들이 "월 이자는 감당할 수 있지만, 대출 원금을 어떻게 갚아야 하나요?"라고 질문한다.

결론부터 얘기하면, 원금 상환 부담은 과장된 우려이다. 개인 명의 대출의 경우, 신용대출 부분에 대해서만 일부 원금 상환이 요청될 수 있다. 예를 들어 신용대출 2.6억 중 10%인 2,600만 원을 매년 상환하는 방식으로, 매월 216만 원(2,600만 원 ÷ 12개월)을 상환하게 된다.

원금 상환 비율은 은행과 협의할 수 있어 부담을 줄일 수 있다. 실제 사례로, 마포 서교동 건물 매입 시 개인 명의로 진행했을 때 초기에는 신용대출 원금 상환이 매월 400만 원이었으나, 은행과 협의 후 매월 100만 원으로 낮출 수 있었다.

법인 명의 대출은 원칙적으로 원금 상환이 없는 것으로 봐도 무방하다. 단, 매수자의 신용이 낮은 특수한 경우에는 원금 상환을 요청하는 경우도 있다.

건물 대출의 상환은 대출 만기가 되면 같은 은행에서 연장하거나, 타 은행의 대환 대출로 갈아타면서 이루어진다. 대부분 건물 매각 시 대출을 완전히 상환하게 된다. 기본적으로 안정적인 현금흐름으로 이자를 납부할 수 있다면, 원금 상환은 큰 부담이 되지 않는다. 너무 크게 걱정하지 않아도 괜찮다.

담보 보강

대출 한도 제한에는 기본적으로 두 가지 요인이 있다. 감정평가액이 매매가보다 낮거나 매수자의 신용이 낮은 경우 대출한도가 낮아질 수 있다. 매매가의 80% 대출이 필요한 상황에서 그 이하로 나오면 매입이 어려워진다.

건물만으로 담보가 부족할 때는 추가로 소유하고 있는 부동산이나 자산을 담보로 제공할 수 있다. 추가 담보는 본인뿐 아니라 가족이나 지인의 부동산이나 자산도 가능하다. 추가 담보를 제공하면 대출 한도가 늘어날 뿐 아니라 금리가 낮아질 수도 있다.

이미 건물을 소유한 투자자가 두 번째 건물을 매입할 경우, 첫 번째 건물에 담보력이 남았다면 추가 담보로 활용할 수 있다.

자산 가치 상승의 선순환을 만들 수 있다. 첫 번째 건물 매입 시 80% 대출을 받았더라도, 시간이 지나 감정평가액이 오르면 추가 담보력이 발생한다. 이 증가한 담보력을 기반으로 추가 투자가 가능해진다. 이런 방식으로 건물을 지속적으로 늘려가는 자산가들이 상당히 많다. 이는 부동산 투자의 레버리지를 효과적으로 활용하는 전략이다.

꼭 알아야 할 건물주의 현실

지금까지 자영업자가 건물을 사야 하는 이유와 방법들을 이야기했는데, 장점들에 쉽게 혹해서는 안 된다. 그 이면에는 단점도 존재하기에 꼭 장단점 모두를 알고서 투자해야 한다. 레버리지를 잘 활용한다면, 자본주의 시스템을 아주 잘 활용하는 것이다. 하지만 활용한 레버리지를 감당할 수 없다면 큰 재앙이 다가올 것이다.

레버리지의 역습

건물 투자는 레버리지를 활용해서 투자하는 방식이다. 적은 자본으로도 시작할 수 있지만, 레버리지를 감당할 수 있어야만 한다. 레버리지의 이자와 원금 상환을 제때 하지 못하거나 연체하게 된다면 이보다 힘든 상황은 없을 것이다. 더불어 매출을 올려야 하는 압박과 매달 이자를 내야 하는 부담은 삶을 피폐하게 할 수 있다.

이자를 지속으로 연체하게 되면 더욱 심각한 일이 벌어진다. 새롭게 대출을 받는 것도 당연히 어려울 것이고, 은행에서는 경매 절차를 진행해서라도 원금을 회수하려고 할 것이다. 생각만 해도 끔찍한 상황이다.

적은 자본으로도 다양한 레버리지를 활용하면 건물주가 될 수 있지만, 괜한 욕심을 부려 능력 밖의 레버리지에 손을 댄다면 돌이킬 수 없는 결과를 책임져야 한다. 그렇기에 레버리지는 매월 안정적인 현금흐름을 확보하고 난 후에 활용해야 한다. 수지 분석을 통해서 이자와 원금을 포함한 매월 지급해야 할 총 지출을 감당할 수 있는지 반드시 계산해 보고 매입을 해야 한다.

건물주가 감당하는 비용

건물주가 되면 건물 유지에 필요한 여러 비용이 발생한다. 대출 이자 외에도 매년 부과되는 재산세, 임대소득에 따른 종합소득세, 법인세의 세금이 있다. 또한 정기적으로 시설물 유지 및 보수, 화재보험 등으로 비용이 나가고, 임차인 퇴거 시 보증금 반환 및 공실에서 발생하는 추가 이자 부담 등 비정기적인 비용도 있다. 공실인 상황이 길어진다면 내부 인테리어나 공용시설 개선에 비용을 지출해야 할 수도 있다. 정리하면 다음과 같다.

구분	항목	내용
대출	대출 이자 및 원금	매월 납부
세금	재산세	보유세(건물 7월, 토지 9월)
	종합소득세/법인세	임대수익에 따른 세금(5월/3월)
유지비용	시설물 유지보수	보일러, 방수, 균열, 페인트 등
	건물 화재보험	리스크 대비
	법인 사무실 월세/세무기장	법인 매입 시
	CCTV 무인경비 비용	설치 및 유지비용
	소방/전기 안전관리 대행	해당 시
	엘리베이터 유지보수 대행	해당 시
대응비용	공실 리스크 부담	임차인 퇴거 시 보증금 반환 및 이자 부담
	법적 분쟁	인접 건물주(경계, 주차 등), 임차인

이런 비용이 무서워서 건물 매입을 주저할 필요는 없다. 하지만 비용이 발생한다는 점은 반드시 알아야 한다. 건물에서 직접 장사를 하면서 안정적인 매출을 확보할 수 있다면 유지비용은 충분히 감당이 가능하다. 건물을 매각할 때 해당 유지비용들은 비용 처리를 통해서 세금을 줄일 수도 있다. 건물 투자는 시간에 투자하는 것이다. 한정적인 자산을 매각 차

익을 얻을 수 있는 시점까지 하루빨리 취득하기 위해선 안정적으로 운영하는 것이 가장 중요하다.

건물 투자의 진실

지금 이 책을 읽은 사람 중 주변에서 건물 투자로 수억 원을 벌었다는 이야기를 들은 이들도 있을 것이다. 하지만 장사는 힘드니 건물 투자로 돈을 벌어야겠다며 무작정 건물 투자에 뛰어드는 것은 좋지 않다. 매출이 불안정한 상태에서 무리하게 레버리지를 끌어다 쓰면 감당하기 어려운 결과를 초래할 수 있다.

기본적으로 건물의 가치는 수익률에 기반하며, 수익률 높은 건물이 매각이 잘 된다. 하지만 그보다 더 중요한 것은 매각 시기이다. 건물은 환금성이 떨어지는 자산이다. 아파트처럼 수요가 많아서 쉽게 사고팔기가 어렵다. 금리, 환율, 유동성, 경기, 대외 정세 등 다양한 인자의 영향을 크게 받기도 한다.

결국 건물을 매각해서 수익을 얻기 위해선, 금리가 떨어지고 현금 유동성이 늘어나면서 매수세가 올라가는 시점까지 기다려야 한다. 그리고 수익을 최대한 올리고 싶다면 그동안 수익률이 좋은 건물을 만들어야 한다. 이 시점이 얼마나 빨리 올지는 누구도 정확히 예측하기는 어렵다. 다만, 오랜 시간을 견딜 수 있다면 현금 가치 하락에 의한 상대적 건물가의 상승을 기대할 수 있다.

환금성의 문제

건물 투자로 단기 차익을 얻는 것은 어렵다. 매수세가 지속적으로 상승하는 시기에는 가능하겠지만, 대부분 3년 이상 장기 투자를 감안하고 건물 투자 계획을 잡아야 한다. 그렇기에 건물 매입을 위한 재정적 체력을 길러야 한다. 건물을 매입하고 금리가 오른다거나, 공실이 발생했을 때를 대비해 매월 레버리지를 감당할 수 있는 재정적 체력이 있어야 한다.

앞서, 건물은 환금성이 떨어진다고 했다. 내가 팔아야 할 시점에 매수세가 없다면, 감정평가금액과 수익률이 아무 의미가 없어질 수 있다. 살 사람이 없는데, 얼마에 팔 수 있을지가 무슨 소용일까? 시세보다 10% 이상 많게는 20% 이상 싸게 팔아야 거래가 이루어진다. 매입한 금액보다 낮게 거래를 하는 경우도 종종 볼 수 있다. 시장에 나오는 급매가 이런 경우다.

반면 제 가격에 매각이 어려운 시점임에도 불구하고, 팔리는 건물들은 있다. 최근 거래량이 많은 지역, 즉 선호도가 높은 지역의 건물들이 그렇다. 주요 지역이라서 평단가가 높지만, 작은 평수의 건폐율과 용적률이 높은 건물이라면 누구나 접근해 볼 수 있다. 수도권, 지방의 경우는 환금성이 더욱 떨어지기 때문에 반드시 입지가 좋은 건물, 장사가 되는 자리의 건물을 선택하는 것이 매우 중요하다.

4장.

건물 매입
실전
매뉴얼

자영업자 건물 투자 플로우

자영업자를 위한 건물 투자 안내서

건물주가 되는 길은 처음에는 막연하게 느껴질 수 있지만, 경험을 쌓아가며 점차 명확한 패턴과 체계를 발견할 수 있다. 많은 사람들이 시작점을 찾지 못하지만, 건물 투자는 시간이 지남에 따라 체계적인 접근이 필요함을 알게 된다. 다양한 건물 매입 경험을 통해 투자에 필요한 전략을 차근차근 습득할 수 있다.

자영업자에게 건물 투자는 단순한 재테크를 넘어, 사업장을 운영하면서 건물의 가치를 높일 수 있는 중요한 기회다. 임대 수익형 부동산 투자와는 달리, 사업을 통해 발생하는 트래픽이 건물 가치를 실질적으로 상승시키는 핵심 요소가 된다. 이 트래픽은 성공적인 사업 운영을 통해 건물 가치 상승을 이끄는 선순환을 만든다.

건물 투자에서는 감정적인 접근이 아닌 전략적인 접근이 필수적이다. 건물 매입은 마음에 드는 매물을 고르고 계약하는 것으로 끝나지 않으며, 체계적이고 전략적인 계획이 필요하다. 여러 경험을 통해 얻은 투자 전략을 바탕으로, 체계적인 건물 투자 플로우를 확립했다. 하나씩 살펴보자.

건물 투자의 5단계 플로우

첫 번째 단계는 맞춤형 기준 설정이다. 사업계획을 세우듯 건물 투자도 명확한 기준이 필요하다. 예산 범위, 목표 지역, 필요한 건물 규모 등 구체적인 기준 없이는 수많은 매물 속에서 길을 잃기 쉽다. 단순히 자금에만 맞춰 물건을 찾다가 포기하는 사례가 많다.

이때 필수사항과 선택사항을 구분하면 좋다. 실수를 줄이기 위해 기준 조건을 필수사항과 선택사항으로 나눠야 한다. 필수사항은 내 건물에 꼭 필요한 조건이고, 선택사항은 포기할 수도 있는 조건 또는 있으면 좋은 부가 조건들이다.

기준을 세웠다면 두 번째 단계는 다각적 매물 탐색이다. 다양한 채널을 활용할수록 좋은데, 건물은 주거용 부동산과 달리 매물이 제한적이므로 여러 경로로 찾아보는 것이 중요하다. 건물 전문 중개법인, 지역 공인중개사무소, 온라인 플랫폼(네이버부동산, 프롭테크, 블로그) 등 가능한 채널을 전부 활용해야 한다.

세 번째 단계는 바로 물건 분석이다. 입지 분석부터 수익성 분석, 미래가치 분석까지 꼼꼼히 진행해야 한다. 유동 인구, 접근성, 가시성 등을 확인하고 주변 상권 분석도 필수적이다. 임대료와 대출 이자를 비교해 실질적인 수익을 정확히 계산해야 한다. 지역개발 호재나 정부 정책 등을 고려해 매각 시기와 예상 금액을 예측해 볼 수 있다.

네 번째 단계는 계약과 잔금이다. 본계약 전에 매매 금액, 중도금 및 잔금 일정, 주요 특약사항을 미리 조율해야 한다. 매매가 낮추기 협상, 매도자의 잔금 전 의무(명도, 용도변경, 인허가) 등을 명확히 정하는 것이 중요하다.

대출 조건도 잘 비교해야 한다. 계약 후 여러 은행의 대출 조건을 비교해 최적의 조건으로 대출 심사를 진행하고 잔금을 치르면 된다. 이후엔 인수인계와 시설 체크를 철저히 해야 한다. 잔금일에는 잔금 지급뿐 아니라 이전등기 서류 제출 및 건물 인수인계를 받고 시설물 상태를 꼼꼼히 확인해야 한다.

마지막 단계는 운영 및 엑싯 전략이다. 매입 단계부터 신축, 리모델링을 계획했다면 건물 가치의 핵심인 수익률을 높일 방법을 생각해 보자. 매입가보다 높은 금액으로 매각하려면 수익률 향상이 필수다. 직접 운영으로 수익률을 높이거나, 신축 및 리모델링으로 연면적을 늘리고 시설을 개선해 수익률을 높일 수 있다.

엑싯 타이밍은 전략적으로 결정해야 한다. 시장 상황과 건물 수익률을 종합적으로 고려해 매각 시점을 결정하고, 건물주가 세입자로 남아 안정적 수익을 보장하는 방식으로 건물 가치를 높일 수도 있다.

투자의 본질은 스노우볼이다. 수익률 상승으로 건물을 매각하면 매입 시 투입 자금과 시세차익이 생긴다. 건물 투자는 레버리지를 활용한 스노우볼링 투자법이다. 시드머니가 커질수록 더 큰 규모의 건물을 매입할 수 있게 되며, 이 과정을 반복하면 자산이 눈덩이처럼 불어난다. 경쟁력 있는 콘텐츠를 보유한 자영업자라면 이런 투자 전략을 활용하지 않을 이유가 없다.

건물 투자 성공의 열쇠는 기준을 어떻게 설정하는가에 있다. 본격적인 건물 매입 전 가장 중요한 것은 자신에게 맞는 건물의 기준을 정하는 것이다. 이는 정확한 사용 용도 파악, 효율적인 임장, 밀도 있는 공부, 합리적인 건물 선택을 위해 필수적이다.

자영업자는 시간이 제한적이어서 물건을 찾기도, 매번 직접 보러 가기도 어렵다. 그러기에 한정된 시간 내에 효율적으로 건물을 찾고 합리적인 선택을 해야 한다. 많은 사람들이 명확한 기준 없이 시간을 허비하며, "건물만 사면 돈을 벌 수 있다"는 단순한 생각으로 접근한다.

정확한 사용 용도 파악

조건에 맞는 건물 매물은 희소하다. 건물은 아파트와 달리 매물이 많지 않으며, 특히 소액 매물을 찾기는 더욱 어렵다. 이런 상황에서 무작정 찾아다니는 것은 비효율적이다. 나는 "내 자금으로 살 수 있는 건물"이라는 모호한 기준으로 시작했다가 6개월을 허비한 경험이 있다. 20억 원 이하 건물을 찾아 서울과 경기도를 넓게 돌아다녔지만, 결국 운영 업종과 맞지 않는 건물들만 보게 되었다. 지금 생각해 보면 그 시간을 훨씬 더 효율적으로 활용할 수 있었을 것이라는 아쉬움이 크다.

이런 시행착오를 겪지 않으려면, 처음부터 자신의 상황에 맞는 구체적인 기준을 세우는 것이 필수적이다. 완벽한 기준을 처음부터 잡기는 어렵지만, 적어도 자신이 실제로 매입할 수 있는 건물의 스펙을 구체적으로 정하는 것부터 시작해야 한다.

효율적 임장과 밀도 있는 공부

매입 가능 금액, 지역, 감정평가 기준, 직접 사용 여부 등 현실적으로 매입 가능하고 사업 운영이 가능한 조건의 건물 기준을 명확히 세우자. 현실적으로 기준을 세우면 하나씩 보이기 시작한다.

지역을 설정하고 집중적으로 연구하면 좋다. 나는 기준 설정 후 서울 전역과 경기도에서 종로구, 마포구 두 지역만으로 범위를 좁혀 깊이 파기 시작했다. 물건 수는 줄었지만, 해당 지역의 실거래가 파악과 숨겨진 물건 발굴에 집중할 수 있었다.

이런 과정에서 자연스레 전문성이 길러진다. 나는 집중적인 연구 끝에 두 지역을 걷기만 해도 라인별 평당 시세가 떠오르고, 거래된 건물들에 대한 정보가 축적되었다. 이러한 전문성은 새로운 물건이 나왔을 때 빠르게 옥석을 가리고, 급매 물건을 발견할 수 있는 안목을 얻게 되었다. 또한, 동네에서 사연이 많은 급매 물건들도 받아볼 수 있었다.

기준 조건별 내용

기준	내용	기준	내용
지역/입지	원하는 지역, 장사할 만한 입지	매매가	매입 가능한 매매가
감정평가액/추정가	저평가 여부 판단 대출 한도 책정	사용 여부	공실, 명도 여부 확인
면적	사용 가능한 면적 (전체 면적, 층별 면적)	주차	주차 가능 여부, 주차대수 인근 공영주차장
역세권	지하철, 버스정류장과의 거리 (예: 도보 5분 이내)	배후 세대	반경 내에 배후 세대 (예: 500m 반경 4,000세대)
유동 인구	세대별 유동, 업종에 맞는 유동 확인	인접도로	도로의 폭 (예: 6m 이상, 교행 가능)

수익률	임대 수익률 (예: 3% 이상)	용도지역	2종, 3종 일반주거 준주거, 공업지, 상업지 등
교통	대중교통 접근성 차량 이동 편의성	호재	교통, 인프라 개선
디벨롭	신축, 리모델링 가능성, 합필	건물의 향	북향 선호 일조사선 영향 없음

이 표는 기준 조건별로 무엇이 중요한지 고려해 볼 수 있게 정리한 것이다. 각 조건을 살펴보며 무엇을 고려해야 하는지 고민해 보자.

지역 및 입지: 건물 선택의 기본 기준

좋은 위치는 건물의 가치를 결정한다. 서울 기준 강남 3구, 마용성(마포구, 용산구, 성동구)은 상급지로 분류된다. 이런 곳은 수요가 많아 땅값이 비싸다. 건물은 환금성이 낮은 투자 상품이다. 상급지 건물 매입이 원칙적으로는 좋지만, 꼭 상급지만 고집할 필요는 없다.

자영업자에게 중요한 것은 실용적 접근이다. 오랫동안 거주하며 장사를 잘할 수 있는 지역을 선택하는 것이 현명하다. 월세 대신 내 건물에서 이자를 내며 자산을 형성하는 개념이 핵심이다.

상권보다 입지가 더 중요하다. 상급지가 아니어도 어느 상권이든 장사가 잘되는 입지는 존재한다. 5장에 등촌동 건물(족발집 사장님)이 그 예시다. 활성화된 상권은 아니었지만, 주거 세대와 오피스가 많은 가시성 좋은 주동선의 코너 건물이었다. 장사에 최적화된 입지면 괜찮다고 생각한다. 지역구 개념으로 3개 이내가 적당하다. 업종 특성에 맞는 지역 선택이 중요하며, 매수 수요가 많은 지역일수록 유리하다.

매매가: 예산 설정의 기준

건물 가격은 자신이 준비할 수 있는 예산에 맞춰서 정해야 한다. 건물의 대출한도 70~80%를 고려해서, 현금은 매매가의 약 30% 정도로 계산하면 된다. 현금이 3억 원이 있다면 매입 가능한 건물가는 10억 원(3억 원 ÷ 30%)으로 잡으면 된다.

여기서 레버리지를 활용할 수 있다. 당장 현금이 부족한 경우, 레버리지를 활용해 자금계획을 세우고 건물 매매가 기준을 상향할 수 있다. 매수자 우위 시장에서는 매매가 기준을 10~20% 상향해서 정하는 것도 방법이다. 급매의 경우 10~20% 정도 깎아서 매입이 가능하다.

감정평가액/추정가: 대출의 핵심 요소

대출한도는 시장 매매가가 아닌 감정평가액을 기준으로

책정된다. 감정평가가 매매가와 같거나 높은 건물을 찾는 것이 중요하다. 감정평가가 높다는 것은 시세보다 싸게 나왔다는 의미다. 저평가되었거나 급매 물건이 이에 해당한다. 조건은 감정평가액(또는 추정가)이 건물매매가보다 높거나 같으면 된다.

감정평가액은 은행에서 감정 전문회사에 의뢰해서 받을 수 있으나, 대출 본심사가 들어가기 전에는 은행에서 탁상감정가를 제공한다. 신뢰도는 떨어질 수 있지만, 손쉬운 방법은 프롭테크를 활용해서 추정가를 확인해 보는 것도 좋다.

면적: 사업 운영의 실질적 기준

면적에 있어서는 전용면적을 정확히 파악해야 한다. 건축물대장의 층별 면적에는 계단과 엘리베이터 공간이 포함되어 있다. 공용부를 제외한 전용면적을 확인해야 한다. 꼬마빌딩의 공용면적은 대략 3~5평 정도 공제하면 된다.

층간 활용 전략을 고려하는 것도 좋다. 2개 층을 나눠 사용할 수 있는 구조라면, 작은 대지에서도 충분한 면적을 확보할 수 있다. 1층은 매장, 2층은 사무실이나 창고로 활용하는 방식이 가능하다.

면적과 매매가는 밀접하게 연관된다. 보통 건폐율은 50~60% 정도이다. 최소면적이 20평이라면 대지(땅)의 면적은 약 40평 정도 필요하다. 평당가가 5,000만 원일 경우 건물의 매매가는 20억 원이 된다. 면적은 매매가와 직접적인 연관이 있다. 간혹 건폐율이 높은 건물들이 있다. 관련 법령이 정해지기 전에 신축된 건물이 이에 해당한다. 구도심에서 쉽게 찾을 수 있다.

주차: 사업 접근성의 핵심 요소

주차는 일부 업종에서는 필수 조건이다. 주차가 필요한 업종이 있어도 꼬마빌딩은 주차 공간이 부족한 경우가 많다. 차량 이용 고객이 많은 업종은 주차가 넉넉한 대형 쇼핑몰의 구분상가를 선호하는 이유다.

주차 공간은 생각보다 많은 면적을 차지한다. 차량 1대당 주차 면적, 진입로, 회전 공간을 포함하면 5평 이상이 필요하다. 6대만 해도 30평이 넘는 공간이 필요하다.

만약 주차 공간이 없다면 대안을 찾아라. 건물 주변 도보 5분 내 공영주차장이나 사설주차장이 있는 건물을 찾아보자. 광주 송정 라라브레드처럼 맞은편에 대형 유료주차장이 있는 경우, 고객 주차비 지원으로 해결할 수 있다.

역세권: 접근성과 유동 인구의 보장

역세권은 건물 가치 측면에서 유동 인구 확보와 직원 출퇴근에 유리하다. 지하철역이나 버스정류장에서 건물까지의 도보거리가 기준이 된다. 역세권이 중요하지 않은 업종이라면 이 조건을 제외해도 무방하다.

배후 세대: 잠재 고객의 규모

반경 내 배후 세대 수는 음식점, 카페, 학원, 뷰티, 피트니스 등 대부분 업종에 중요하다. 창업 플랫폼(마이프차 등)을 활용하면 반경별 배후 세대, 주거 형태(아파트, 빌라, 오피스텔), 거주인구 나이대까지 쉽게 확인할 수 있다.

유동 인구: 실질적 매출의 기반

유동 인구는 상권분석의 필수 요소다. 유동 인구가 많을수록 좋은 입지이며, 그 인구의 소비력이 있는지도 중요하다. 지자체 상권분석 시스템이나 창업 플랫폼에서 제공하는 유동 인구를 유추할 수 있으나, 데이터보다 주중/주말, 점심/저녁 시간대에 직접 확인하는 것이 가장 좋다. 현장 방문은 다르다. 유동 인구가 많은 곳은 평단가가 비싸다. 메인 상권의 이면도로에 있는 건물이라면 매입 비용은 낮추고 메인 상권의 유동 인구를 활용할 수 있다.

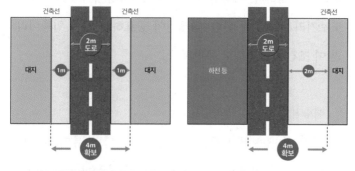

인접도로 폭과 건축선 관계(출처: 토지이음)

도로 소요너비(4m) 확보를 위한 건축선 후퇴

[예시1 - 대지 사이에 도로가 끼인 경우]   [예시2 - 도로의 한 면이 하천, 철도등에 접한 경우]

건축선   건축선   건축선

2m
도로

대지 1m   1m 대지   하천 등   2m 대지

4m
확보   4m
확보

- 해당 도로가 「건축법 시행령」 제3조의3 각 호에 해당하는 경우에는 소요너비가 다를 수 있음
- [예시2]에서 하천 등이란 하천, 경사지, 철도, 선로부지, 그 밖에 이와 유사한 것을 말함
- 건축선과 도로의 사이 (▢)는 대지 면적에서 제외됨

인접도로: 가시성과 접근성의 결정 요소

인접도로 폭에 따라 건물 가시성과 고객 접근성이 달라진다. 즉 도로 폭이 건물 가치를 좌우한다. 코너 건물은 가시성과 주차 진입이 좋아 가치가 더 높다. 이상적인 폭은 6m 이상이다. 차량 교행이 가능한 6m 이상 도로는 잠시 주차하고 상점을 이용할 수 있어 소매점이나 테이크아웃 업종에 큰 차이를 만든다.

이는 단순히 현재의 편의성뿐만 아니라, 미래의 가치와도 직결된다. 도로가 좁다면 신축 시 땅을 내놓아야 할 수 있다. 4m 미만 도로에 면한 건물은 도로 확폭을 위해 대지 일부를 제공해야 하므로 실질적인 대지 면적이 감소한다.

수익률: 건물 가치의 핵심 척도

건물 매입 시 체크해야 할 수익률은 두 가지다. 첫째, 매입 당시의 현재 수익률이다. 이는 시세를 반영하며, 공실이 많으면 크게 낮아진다. 둘째, 직영으로 사용할 때 내가 낼 수 있는 임대료 기준의 수익률이다. 수익률을 높일 수 있다면, 건물의 가치를 향상시킬 수 있다.

용도지역: 수익 잠재력의 결정 요소

건물 가치는 용도지역에 따라 크게 달라진다. 용도지역은 건폐율과 용적률을 결정한다. 특히 용적률 차이는 연면적과 층수에 직접적인 영향을 미친다. 서울시 기준으로 2종일반주거는 용적률 200%, 준주거지역은 400%다. 30평 땅이라면, 각각 지상 연면적 60평과 120평까지 건축 가능하다. 같은 면적의 땅이라도 임대료 수입이 2배까지 차이가 날 수 있다. 용도지역에 따라서 건물의 가치가 크게 차이가 난다.

교통: 접근성의 광범위한 개념

교통은 역세권보다 넓은 개념이다. 역세권과 비슷하지만 좀 더 폭넓은 개념이라고 보면 된다. 주변에 다양한 교통수단이 있는지를 보는 것이다. 지하철과 버스의 다양한 노선 외에도 자가용 접근성과 도로 상태까지 포함된다.

호재: 트래픽 증가의 기회

트래픽 증가는 부동산 가치 상승으로 이어진다. 개발 호재는 자연스럽게 트래픽을 증가시킨다. 대표적인 것이 교통망 확충(지하철 개통, 환승역 신설, 버스노선 증대)이다. 또한, 주요 개발 계획(산업단지 조성, 대규모 개발사업), 인구 증가 요인(대기업 이주, 신규 아파트 입주), 공공 인프라 확충(공원 조성, 대형 병원, 관공서 이전) 등이 있다.

뉴스나 검색으로 알아볼 수 있지만, 가장 최신 정보는 해당 지역 부동산 중개업소에 문의하면 효과적으로 얻을 수 있다.

디벨롭: 건물 가치 향상의 기회

건물 가치는 대부분 땅의 가치와 직결된다. 20년 이상 된 건물은 대부분 땅값으로 거래된다. 구분상가와 달리, 단독 건물은 개별 개발이 가능하다는 장점이 있다. 상업용 부동산에는 구분상가도 해당하지만, 이 경우에는 토지에 대한 지분만 있고 개별적으로 개발행위를 할 수가 없다. 아파트와 같은 구조이다. 건물은 디벨롭이 가능하다는 장점이 있다. 기존의 건물을 철거하고 신축하거나 기존 건물의 구조는 그대로 두고 리모델링해서 수익률을 올려 건물의 가치를 올릴 수가 있다.

디벨롭은 매입 단계부터 고려할 수 있다. 신축용 땅을 찾는 경우, 단층으로 철거하기 좋은 땅이나 나대지를 선호할 수 있다. 당장 개발하지 않더라도, 디벨롭에 유리한 땅은 시행업자나 디벨롭 매수자에게 되팔기 좋다. 디벨롭이 가능한 땅은 현재의 건물보다 더 높은 가치가 있다.

건물의 향: 신축 가능성의 중요 요소

건물의 향은 신축과 관련이 있는 조건이다. 일조사선의 영향으로 건물의 정북 방향의 대지경계선을 기점으로 일조권 제한선 이내로 건축물을 신축해야 한다.

정북 방향에 건물이 바로 붙어있는 경우 제한선의 영향을 많이 받지만, 정북 방향에 도로나 공원이나 하천 등 건물이 없다면 일조사선의 영향 없이 건물을 신축할 수 있다. 신축을 위한 건물을 매입하는 경우 고려하면 좋은 조건이다. 일조사선은 전용, 일반주거지역 내에서만 적용된다(준주거, 상업지 해당 없음).

필수사항과 선택사항: 건물 매입의 체계적 접근법

건물 매입 시 기준을 두 가지 분류, 즉 필수사항과 선택사항으로 명확히 구분하면 효율적인 의사결정이 가능하다. 필수사항은 반드시 충족해야 하는 조건이고, 선택사항은 상황에 따라 조정 가능한 조건이다.

필수사항을 충족하지 못하는 매물은 즉시 제외해야 한다. 이 기준을 통과한 매물만 선택사항을 검토하게 된다. 선택사항은 점수화하여 객관적 판단이 가능하다. 정확한 수치로 나누기 어렵거나 타협 가능한 기준들을 점수화하면 객관적인 비교가 가능해진다. 필수사항을 통과한 물건 중 선택사항 점수가 가장 높은 건물이 최적의 매물이 된다. 이러한 필수사항과 선택사항의 구성은 업종이나 매입 목적에 따라 달라질 수 있으며, 두 항목 간 기준의 이동도 가능하다.

필수사항의 핵심 요소

필수사항은 내 건물에 꼭 필요한 조건들이다. 필수사항은 개인마다 다를 수 있지만, 이 기준에 맞지 않는 매물은 검토 대상이 아니다. 대표적인 기준으로는 예산 한도가 있다. 가장 기본적인 필수사항은 건물 매매가 한도다. 예를 들어 보유 현금이 6억 원이라면 '건물매매가 20억 이하'가 필수사항이 된다. 이 금액을 넘으면 현금이 부족해 매입이 불가능하다.

매물 검색의 효율성을 위해 지역을 한정하는 것이 좋다. 정해진 지역에 매물이 부족하다면 지역을 확장하는 방식으로 조정할 수 있다.

직접 사용 가능 여부도 확인하자. 장사 목적이라면 건물에 공실이 있거나 기존 세입자 명도가 가능해야 한다. 업종에 따라 필요한 층이 다르므로 자신의 업종에 맞게 기준을 설정해야 한다.

단, 기준을 너무 많이 설정하지 마라. 필수사항을 너무 많이 설정하면 검토 가능한 매물 수가 급격히 줄어든다. 처음에는 가설로 필수사항을 정하고, 시장 상황에 맞게 지속적으로 조정하는 것이 바람직하다.

선택사항: 유연한 기준의 가치

선택사항은 필수적이지 않은 조건들로, 사용 연면적, 역세권, 수익률, 주차, 가치 상승 가능성, 교통, 유동 인구 등이 있다. 이러한 조건들에 중요한 것은 가중치를 부여하는 배점 시스템이다. 여러 건물을 비교할 때 감정에 휘둘리지 않고 합리적인 결정을 내리기 위해 배점 시스템을 사용하면, 객관적인 판단이 가능하다.

비교표 작성도 중요한 요소로, 가치 있는 매물을 중심으로 비교표를 만들면 나에게 맞는 조건을 찾는 데 도움이 된다. 물건을 많이 볼수록 최적의 조건이 무엇인지 명확해지고, 필요에 따라 배점 시스템을 조정하거나 선택사항을 추가/삭제할 수 있다.

필수사항 비교표

필수사항/물건	서교동 건물	봉익동 건물	연건동 건물	이대 대로변 건물	광흥창 건물
마포구, 종로구	○	○	○	○	○
20억 원 이하	○	○	○	×	○
감정평가액 ≥ 매매가	○	×	×	○	○
매장, 사무실 직접 사용	○	○	○	○	○

선택사항 비교표

선택사항	배점	서교동 건물	봉익동 건물	연건동 건물	이대 대로변 건물	광흥창 건물
연면적 (60평 이상)	30	30	10	30	30	30
역세권 (도보 5분)	20	20	20	15	20	20
수익률 (3%)	20	20	10	5	15	15
인접도로 (6m 이상)	10	10	0	10	10	10
유동 인구	10	5	5	0	5	0
주차	10	10	0	10	0	10
계	100	95	45	70	80	85

이 표는 서교동 건물 매입 시 작성했던 조건 비교표이다. 서교동 건물 매입 사례부터 보자. 주얼리 매장과 사무실 용도로 건물을 찾고 있었기에, 주얼리 인프라가 풍부한 종로구와 2030 고객층의 유동이 많은 마포구를 지역으로 선택했다.

기준 설정은 명확히 했다. 보유 현금과 법인 보증금을 고려해 20억 원 이하로 가능한 곳, 감정평가액이 매매가 이상, 직접 사용 가능 조건을 필수조건으로 설정했다.

표에서 보는 것과 같이, 봉익동 건물, 연건동 건물, 이대 대로변 건물은 필수사항을 충족하지 않아 고려 사항에서 제외되었다. 특히 이대 대로변 건물은 21억 원으로 1억 원의 차이로 매입이 어려웠다. 당시에 추가로 레버리지를 활용할 수 있었거나, 현금흐름이 월 2천만 원 이상이 되었다면 필수사항을 21억 원으로 상향해서 매입을 고려했을 것이다. 그 당시에는 레버리지 활용법에 대해 지금처럼 알지 못해서 아쉽게 보내줬던 건물이다.

필수사항에서 서교동 건물과 광흥창 건물 2개가 최종 후보가 되었다. 지역, 금액, 감정평가액, 직접 사용 4가지 모두 통과한 건물이다.

광흥창 건물은 광흥창역 인근 대로변에 위치한 건물이었다. 건물 전면이 넓고 고풍스러운 디자인의 건물로 리모델링할 경우 사옥으로 너무 좋은 비주얼의 건물이었다. 점점 사랑에 빠져가는 것이 느껴졌다. 감정을 배제하고 선택사항의 항목을 입력해 나갔다. 결국 내가 직접 사용하기에 가장 적합한 건물은 95점인 서교동 건물이었다. 매입을 위한 결정이 어렵지 않았다.

그리고 비교표를 작성하고 일주일 내로 나는 매매 계약서를 작성했다.

유의사항: 현실적인 접근법과 인내의 중요성

지나치게 엄격한 잣대로 물건 기준을 너무 엄격하게 설정하면 오랜 기간 건물 매입이 어려울 수 있다. 처음에는 가설 개념으로 기준을 설정하고, 실제 임장을 통해 조건들을 수정해야 한다. 시장 상황과 자신의 경험이 쌓임에 따라 기준은 지속적으로 발전시켜야 한다.

유연한 사고가 필요하다. 단순히 필수사항, 선택사항 내에서만 수정하는 것이 아니라, 상황에 따라 필수사항과 선택사항의 항목이 서로 교차할 수도 있다는 점을 명심해야 한다. 건물 투자는 단거리 경주가 아닌 장기적인 마라톤과 같다. 조급한 마음에 기준을 낮추거나 무리한 투자를 하면 나중에 큰 후회를 할 수 있다.

자신만의 기준을 고수하라. 시간이 걸리더라도 명확한 기준을 세우고, 그 기준에 맞는 물건이 나올 때까지 기다리는 인내심이 성공의 열쇠다. 성공적인 건물 매입의 비결은 내게 정확히 맞는 기준을 설정하고 그에 맞는 건물을 찾는 것이다. 이는 마치 나침반과 같아서, 수많은 매물 중에서 진정한 보석을 찾아내는 길잡이가 된다.

여러분도 이제 자신만의 기준을 세우고, 그것을 계속해서 발전시키길 바란다.

자영업자 90%가 모르는 건물 찾는 방법

건물 찾기: 실행의 첫 단계

이제 본격적으로 건물을 찾는 방법에 대해서 다룰 것이다. 건물 찾기는 가장 시간이 많이 걸리는 단계다. 건물 계약까지 가는 여정에서 물건을 찾는 과정이 가장 오래 걸리고 많은 시간을 투자해야 한다. 이 단계에서 절반 이상이 매입을 포기한다. 본격적인 실행이 필요하며, 다양한 방법으로 건물을 찾아내야 한다. 많은 자영업자들이 중개업소 방문조차 하지 못하고 시간만 보내는 경우가 많다.

현실적으로 시간과 정보가 부족한 경우가 많다. 장사에 시간을 쏟다 보니 상업용 부동산 공부를 따로 하기 어렵다. 이론 공부를 했더라도 부동산의 문턱은 여전히 높게 느껴진다. 기본적으로 임대와 매입은 다른 영역이다. 월세 임대를 위한 부동산 방문은 상대적으로 쉽다. 정해진 시간 내에 결정해야 하고, 사전에 임대료 조사도 가능하다.

반면 건물 매입은 완전히 다른 영역처럼 느껴질 수 있다. 건물 매입에 대한 정보가 부족해 부동산에서 무엇부터 물어봐야 할지 모른다. 장사가 잘될 자리를 먼저 물어봐야 할지, 건물 금액대를 먼저 물어봐야 할지 막연하다. 건물은 정해진 시간 안에 무조건 사야 하는 것이 아니기에 오늘 못 보면 내일, 이번 달 못 보면 다음 달 보게 되고, 습관처럼 미루게 되기 마련이다. 한정된 현금으로 매입해야 해서 가능한 건물의 매매가가 낮은 경우가 많다. 1~2억 원을 모으는 데도 오랜 시간이 걸리지만, 건물 매입에는 부족한 금액일 수 있다.

면적과 가격에서 딜레마를 마주할 수도 있다. 장사에 필요한 연면적을 확보하려면 그만큼의 땅 크기가 필요하고, 건물 매매가는 땅 크기로 결정된다. 필요 면적이 클수록 매입 시기가 늦어질 수 있다. 소액 건물을 의뢰하는 경우가 많아 의기소침해지고, 용기 내어 방문해도 부동산 중개인의 냉대에 상처받는 경우도 있다. 하지만 자신감을 갖고 내게 꼭 필요한 정보들을 모으자.

건물을 찾는 방법에는 로컬 부동산(중개사사무소), 빌딩 중개법인, 온라인 부동산 플랫폼 등이 대표적이다. 각각의 접근 방법과 활용법이 다르다. 이어지는 내용에서는 자영업자들이 겪는 부동산 방문의 어려움을 해소하기 위한 자세한 팁들을 안내할 것이다.

대부분의 중개사무소는 건물 매매를 전문으로 하지 않는다. 로컬 부동산은 개업 공인중개사 1인이 운영하는 사무소로 주변 1층 상가에 '부동산'이라고 쓰여 있는 흔히 볼 수 있는 부동산 중개사사무소를 말한다. 거리를 걷다 보면 수많은 로컬 부동산을 볼 수 있다. 2024년 초 기준으로 국내 중개업소 수는 약 11만 개로 집계되었다. 그만큼 중개업소는 우리 주변에 많고, 흔히 볼 수 있는 업종이다.

그렇다면, 이 많은 중개업소에서 전부 건물을 취급하는 것일까? 그렇지 않다. 부동산에는 용도에 따라 다양한 종류들이 있다. 아파트, 분양권, 재건축, 재개발, 오피스텔, 빌라, 단독 주택, 상가, 사무실, 건물, 토지, 지식산업센터, 공장 등 다양한 종류가 있다. 사용 목적에 따라 위 부동산에 대한 거래 방식으로 매매, 전세(주택), 월세로 나뉜다.

중개업소에서 취급하는 부동산

로컬 부동산은 대부분 주거용 부동산을 취급한다. 중개업소의 70% 이상이 주거용 부동산(아파트, 빌라 등)의 매매, 전세, 월세와 상가, 사무실 월세를 주로 취급한다.

우리가 찾는 것은 '건물 매매'다. 건물 전문 중개법인을 제외하면, 지역 로컬 부동산에서 건물 매매 전문가를 찾기는 쉽지 않다.

그러니 사전 조사를 꼭 하길 권한다. 헛걸음을 피하라. 이론 공부를 하고 부푼 마음으로 로컬 부동산을 무작정 방문했을 때, 헛걸음하기 쉽다. 주거용 부동산 전문 중개업소는 건물 매물이 없는 경우가 많다.

건물을 전문으로 취급하는 로컬 부동산을 사전에 찾아보고 방문하는 것이 중요하다. 온라인 부동산 플랫폼에 건물 매물을 올린 부동산에 전화로 예약하고 방문하면 시간을 크게 절약할 수 있다.

로컬 부동산의 숨겨진 보석

건물 임장을 하다 보면 많은 로컬 부동산을 지나치게 된다. 꼭 예약을 해야만 방문할 수 있는 것은 아니니 걱정 말고 들어가 보자. 오래된 로컬 부동산에는 숨겨진 매물이 있다. 로컬 부동산의 가장 큰 장점은 보석 같은 건물들이 숨어 있다는 사실이다. 한 곳에서 10~20년 운영한 지역 토박이 부동산 소장님은 주변 건물주와 돈독한 관계를 맺고 있다.

깊은 인맥이 좋은 물건으로 이어진다. 오랜 기간 관계를 맺어왔기 때문에 건물주의 가족사, 투자성향, 현재 자금 사정까지 잘 아는 경우가 많다. 자식이 사고를 쳤거나, 상속을 받았거나, 해외로 이주를 해야 하는 등 다양한 이유로 나온 매물들을 보유하고 있다. 오래 건물을 소유한 건물주는 시세에 둔감할 수 있고, 급한 자금이 필요한 경우 시세보다 좋은 금액에 건물을 매입할 기회가 생긴다.

그렇다면 온라인에서 찾을 수는 없는 것일까? 부동산 소장님이 온라인에 올리지 않는 이유가 있다. 올리는 순간 많은 중개업소에서 건물주에게 연락해 매매가를 올리게 만들기 때문이다. 쉽게 말해 자신만의 좋은 물건을 뺏기게 되는 것이다.

이런 기회는 직접 방문해야 얻을 수 있다. 그 로컬 부동산을 직접 찾아가야만 시세보다 낮은 건물 정보를 받을 수 있다. 임장 다닐 때 많은 로컬 부동산을 방문하는 것이 중요하다. 어디에서 보물이 나올지 모르기 때문이다. 모든 로컬 부동산을 다 둘러보기보다는, 지역 토박이 부동산이나 건물 매매를 취급하는 로컬 부동산을 가려서 방문하는 것이 좋다. 로컬 부동산 창문에 물건 요약을 확인해 보면 건물 매매 물건을 올려놓은 부동산인지 확인할 수 있다.

소액 건물을 찾아라

로컬 부동산의 또 다른 중요한 장점은 소액의 건물을 찾기 쉽다는 점이다. 빌딩 중개법인을 방문하면 건물의 최소 금액이 높은 편이어서, 한정된 예산으로 방문했다가 바로 발길을 돌리는 경우가 많다.

로컬 부동산은 상대적으로 소액의 건물, 즉 소규모 대지의 꼬마빌딩을 많이 보유하고 있다. 이는 현금이 제한적이고 작은 면적에서도 장사가 가능한 자영업자에게 특히 적합하다.

지역별 가격대 차이를 활용하는 것도 좋다. 서울, 수도권 기준으로 30억 원 이하, 지방 기준 10억 원 이하의 건물들을 상대적으로 많이 취급한다. 현금이 부족할수록 지역 발품을 팔아야 매입 가능한 건물을 찾을 수 있다. 21.7억 원 을지로 초동 건물, 23.5억 원 등촌동 건물 모두 로컬 부동산에서 거래한 건물들이다. 이는 로컬 부동산을 통해 적정 가격대의 건물을 찾을 수 있다는 것을 보여준다.

수비적인 로컬 부동산

부동산 업계의 큰 문제점 중 하나는 매물 빼돌림 현상이다. 이는 일종의 '첩자' 행위와 같다. 보통 경쟁 중개업소가 지인이나 직원을 보내 매물 정보를 수집하는 방식으로 이뤄지는데, 건물 지번만 확보하면 건물주 연락처를 쉽게 얻을 수 있기 때문이다. 이후 자신의 중개업소에 해당 매물을 무단으로 등록한다.

로컬 부동산 소장님들의 경계심은 이런 경험에서 비롯된

다. 방문객이 너무 어려 보이거나 자금력이 부족해 보이면 의심한다. 건물에 대해 모호하게 질문하거나 전문성 없는 모습을 보이면 더욱 경계한다. 이런 경우 매물 정보를 공개하지 않고 냉담하게 대응하는 경우가 많다.

나 또한 30대에 로컬 부동산을 다닐 때 냉대를 당해본 기억이 많다. 질문을 해도 응답하지 않거나 시선조차 주지 않는 경우도 많았고, 방문했는데도 존재 자체를 무시하고 청소만 하는 중개사도 있었다. 이는 젊은 고객을 잠재적 '정보 도둑'으로 의심하는 태도에서 비롯된다. 아마도 많은 경우 괜한 의심을 받아 이런 냉대를 당할 수 있다. 하지만, 정확한 기준과 건물 매입의 강한 의지를 보여준다면 소장님들도 귀를 기울여 줄 것이다.

효과적인 로컬 부동산 방문 전략

로컬 부동산에 방문할 때는 즉흥적인 방문보다 관심 있는 매물을 미리 온라인 플랫폼에서 찾아 예약 후 방문하는 것이 좋다. 이는 당신이 진지한 매수자임을 보여주는 신호이자, 중개사에게 신뢰를 줄 수 있는 첫걸음이다. 방문 시에는 예산, 투자 목적, 사용 계획 등 구체적인 매입 조건을 명확히 전달해야 하며, 이미 본 매물에 대해 구체적으로 언급하면 선호도를 파악하는 데 도움이 된다.

중개사들은 매수자의 실제 자금력을 가장 궁금해한다. 자금 규모를 모호하게 말하면 신뢰가 떨어지므로, 현재 보유한 현금과 유동화 가능한 자산을 정확히 알려주는 것이 중요하다. 예를 들어 "현금 5억 원이 있습니다"라고 말하면, 중개사는 확신을 갖고 움직이게 된다.

매입 시점에 대해서도 "3개월 이내 매입 예정"처럼 명확하게 이야기하면 매수 의지를 보여줄 수 있다. 동시에 본인의 사업 역량도 어필하자. 현재 운영 중인 매장이나 성과를 보여주면, 중개사와의 심리적 거리감을 줄이고 신뢰를 얻는 데 도움이 된다.

좋은 매물을 얻기 위해서는 중개사가 보낸 정보에 빠르게 반응해야 한다. 반응 속도가 빠른 매수자는 매입 의지가 높다고 판단되어 중개사의 우선순위가 된다. 자금이 준비되어 있고 빠른 결정을 할 수 있는 사람에게는 공개되지 않은 '숨겨진 매물'이 먼저 소개되는 경우도 많다.

빌딩 전문 중개법인의 특징과 활용법

로컬 부동산이 1인 중개사의 개인사업자 형태라면, 중개법인은 다수의 공인중개사가 법인으로 운영하는 형태다. 이들은 상업용 부동산, 개발용 부동산 등 대규모 부동산 거래를 주로 다룬다.

길가 상가보다는 대형 오피스나 자체 소유 건물에서 운영하는 경우가 많다. 강남 외 지역에서는 입지 좋은 곳에 사무실이나 1층 상가 형태로 존재한다. 광역시에도 건물 전문 중개법인들이 운영 중이다.

빌딩 전문 중개법인의 강점으로는 광범위한 매물 네트워크가 있다. 서울뿐 아니라 경기권 건물까지 취급하는 경우가 많다. 많은 건물주들이 넓은 매수자 풀을 가진 중개법인에 매물을 의뢰한다. 로컬 중개업소는 매수자층이 제한적이지만, 중개법인은 효과적인 건물 홍보와 다양한 매수자 네트워크를 갖추고 있다.

또한 복잡한 계약 과정을 도와주기도 한다. 건물 계약은 주거용 부동산보다 까다롭다. 세금 문제, 명도 관련 법적 사항, 신축 가능 여부, 사용 가능 면적, 대출 한도 등 검토할 사항이 많다. 대형 중개법인은 이런 전문적인 영역에 대한 조언을 제공하거나 전문가를 연결해 준다.

제일 큰 장점은 매물장(보고서)을 제공한다는 것이다. 중개법인은 건물 브리핑 시 매물장이라는 상세 보고서를 제공한다. 이 문서에는 건물 개요, 계약조건, 임차인 정보, 상권 분석, 입지 평가, 공적장부 내용, 인근 매매 사례, 임대차 시세, 신축 시 가설계, 대출감정평가액, 필요 자금 등 종합적인 정보가 담겨있다.

매물장은 대체로 정확한 분석을 제공하지만, 때로는 장점 위주로 작성되거나 높은 임대 시세로 수익률이 과장되는 경우가 있다. 보고서만 믿고 계약했다가 낭패를 볼 수 있다. 매매시세, 임대 시세, 감정평가액의 적절성을 스스로 검증해야 한다.

다만 로컬 부동산보다 중개법인의 매매가가 다소 높은 경우가 있다. 하지만 이는 개인적 의견일 수 있으며, 담당 팀장의 재량으로 매매가 조정이 가능하다. 협상 능력이 매우 중요하다.

로컬 부동산보다 풍부한 정보를 제공하므로, 추가 정보를 요청하면 즉각적인 응대를 받을 수 있다. 이러한 정보는 의사 결정에 큰 도움이 된다.

매물장의 각 항목을 이해하고 검증하는 능력은 성공적인 건물 투자의 기본이다. 그러니 매물장 분석 능력을 키워서 건물을 보는 안목을 높이자. 초기 매매가가 높더라도 협상의 여지는 언제나 있다. 중개법인의 규모와 전문성을 활용하되, 가격 협상에도 적극적으로 임하는 자세가 중요하다.

중개법인의 구조와 효과적인 팀장 선택

대형 중개법인은 직원이 100명이 넘고, 다양한 조직 구성 방식을 갖춘 곳이 많다. 소속 공인중개사는 개인사업자로 참여하거나 중개법인에 직접 고용되기도 한다. 실제 계약은 소속 공인중개사(팀장)가 주도하며 진행된다.

중개법인과 팀장은 사전 합의된 비율로 중개수수료를 나누며, 팀장의 능력이 계약 성사에 큰 영향을 미친다. 유능한 팀장은 건물 분석뿐만 아니라 매도자 설득과 계약 성사까지 책임지는 종합적인 역량을 가진 사람이다. 특히 계약을 성사시키려는 강한 의지가 중요하다.

팀장 선택은 성공적인 부동산 거래의 핵심이다. 최근 실적이 많은 팀장, 특정 지역이나 꼬마빌딩 전문 팀장을 선택하는 것이 좋다. 또한, 팀장과 매수자 간의 원활한 소통과 신뢰가 중요하며, 필요시 팀장 교체도 가능하다. 자신과 맞는 팀장을 찾는 것이 거래 성공의 기본 조건이다.

중개법인 방문 전략

로컬 부동산과 마찬가지로 사전 준비가 필수다. 전화로 내 기준에 적합한 팀장을 소개받고 미팅을 예약하는 것이 좋다. 체계적인 접근이 효과적인 결과를 가져온다. 명확한 기준을 제시할수록 좋은 물건을 소개받을 수 있다. 건물 기준을 상세히 설명하고 그에 맞는 물건을 브리핑을 받아야 한다. 중개법인은 다양한 건물 포트폴리오를 보유하고 있어 여러 옵션을 소개받을 수 있다.

당장 마음에 드는 건물이 없더라도, 미팅 이후 관련 건물 매물 보고서를 요청할 수 있다. 지속적으로 정보를 요청하면 좋다. 보내준 매물은 직접 방문(임장)하고 피드백을 주는 것이 가장 효과적이다. 매물 보고서를 받으면, 꼼꼼히 분석하자. 보고서 내용을 세심히 검토하고 또 확인하는 습관을 들이자. 의문점이나 추가 설명이 필요한 부분은 즉시 요청하는 것이 좋다. 철저한 검증이 실패 위험을 줄인다.

온라인 매물 검색 노하우

매번 중개업소 방문이 어렵기 때문에 네이버부동산, 랜드북, 디스코 등 온라인 플랫폼을 적극 활용하는 것도 좋은 방법이다. 이는 시간과 노력을 절약할 수 있고 신규 매물을 실시간으로 확인할 수 있다. 조건에 맞는 물건을 손쉽게 검색할 수 있어 편리하다. 나는 매일 자기 전에 30분~1시간씩 물건들을 찾아본다.

이렇게 찾다 보면 지치기도 하지만 낚시와 같은 인내심이 필요하다. 건물 매물은 아파트처럼 많지 않아 인내심을 가지고 기다려야 한다. 어제의 매물이 오늘도 그대로 있어 지치기도 하지만, 꾸준함이 성공의 열쇠다. 효율적인 방법은 낚싯대를 여러 개 놓는 전략이다. 건물을 찾을 수 있는 모든 채널을 활용하고 정기적으로 확인해야 한다. 다양한 경로를 통해 기회를 최대화하는 것이 중요하다.

많은 중개업소들이 블로그를 운영하는데, 블로그에도 좋은 정보가 많이 올라온다. 우선 블로그 매물 정보의 특징을 이해하는 것이 중요하다. 중개업소가 블로그에 건물 매물을 올리지만, 대부분 정확한 정보를 공개하지 않는다. 이는 건물 매물을 경쟁 업체에 빼앗길 우려 때문이다. 실제 건물 이미지 대신 유사한 참고 이미지를 사용하는 경우가 많다.

원하는 건물을 찾기 위해선 구체적인 검색어를 활용해야 한다. 네이버 검색을 통해 다양한 매물을 발견할 수 있다. "서교동 20억 건물", "망원동 15억 건물", "자양동 건물 매매", "마포구 꼬마빌딩"과 같은 구체적인 키워드로 검색하면 관련 블로그를 효과적으로 찾을 수 있다.

블로그에서 좋은 정보를 찾았다면 미팅으로 연결하라. 블로그 내용이 전문적이고 유익하다면, 해당 중개업소에 연락하여 미팅을 잡는 것도 좋은 전략이다. 온라인 정보를 오프라인 기회로 전환하는 과정이다.

네이버 카페, 다음 카페 등 온라인 커뮤니티에서도 건물 매물 정보를 찾을 수 있다. 이러한 커뮤니티에는 종종 독점 매물 정보가 올라온다. 로컬 중개업소 소장님들이 공개적인 플랫폼에 올리기를 꺼려하는 건물을 커뮤니티에만 올리는 경우가 꽤 있다. 네이버 부동산이나 프롭테크 플랫폼에는 없는 "숨겨진 보물"을 이런 커뮤니티에서 발견할 수 있다.

건물 중개수수료의 이해와 협상 전략

건물의 매매, 임대차 중개수수료 상한요율은 거래금액의 9/1,000(0.9%)이다. 이는 주택 거래(4/1,000~7/1,000)보다 높은 수준이다. 건물과 상업용 부동산은 고려할 사항이 많아 더 높은 상한선이 책정되었다.

상한요율은 최대치일 뿐이다. 무조건 0.9%를 지불해야 하는 것은 아니다. 이 점이 많은 초보 건물주들이 놓치는 중요한 사실이다. 이것이 협의 가능한 금액이라는 점을 기억하라. 중개수수료는 매수자와 중개업소 간의 협의로 상한요율 이내에서 자유롭게 정할 수 있다. 협상의 여지가 항상 존재한다.

공인중개사가 최적의 계약을 이끌어냈다면 0.9%의 수수료는 타당하다. 매매가를 1% 이상만 깎았더라도 수수료 이상의 이득을 보게 된다. 공인중개사의 실수로 계약이 문제가 되거나 매수자에게 불리한 조건으로 계약이 체결된 경우, 중개수수료를 0.9% 이하로 조정하는 것이 합당하다. 중개수수료의 상한요율만 존재하므로 매수자와 중개업소 간 분쟁이 자주 발생한다. 이를 방지하기 위한 전략이 필요하다.

계약서 작성일 또는 그 이전에 중개수수료 요율을 일차

적으로 협의하고, 잔금일에 최종 요율을 확정하는 방식이 효과적이다. 계약일 이전에 협의 없이 잔금일에 갑자기 논의하면 이견이 생기기 쉽고 분쟁으로 이어질 수 있다. 중개업소나 중개법인마다 중개수수료 요율에 대한 자체 기준이 다를 수 있어, 처음부터 수수료 요율을 문의해 보는 것도 좋은 방법이다.

시장 상황도 고려해야 한다. 매수자 우위 시장에서는 매수자의 중개수수료가 낮게 책정되고, 매도자 우위 시장에서는 매도자의 중개수수료가 낮게 책정되는 경향이 있다. 시장 상황을 파악하고 협상에 활용하는 것이 좋다.

건물 매입 전 반드시 알아야 할 건물 분석

건물 매입 결정을 위한 종합적 분석 전략

최종 계약 전, 반드시 심층 검토가 필요하다. 기준에 맞는 건물을 찾았다면, 그 건물이 정말 나에게 적합한지 다양한 관점에서 철저히 검증해야 한다. 소유권 문제, 위법 건축물 여부, 실제 가치, 매물 보고서의 정확성, 자금 흐름 등을 세심하게 분석한 후 계약 일정을 잡는 것이 바람직하다.

사장님이라면 세 가지 관점을 종합적으로 고려해야 한다. 부동산 가치, 장사 운영, 자금 투입이 그것들이다. 이 세 가지를 모두 만족시키기는 쉽지 않다. 따라서 명확한 우선순위와 기준 설정이 매우 중요하다. 아무리 입지와 가치가 뛰어난 건물이라도 자금 투입 계획이 현실적이지 않다면 매입 자체가 불가능할 수 있으며, 이 점을 간과하면 심각한 문제가 발생할 수 있다.

매물 분석은 온라인으로 정보를 수집하는 '손품'과, 현장을 직접 방문하는 '발품(임장)'으로 나뉜다. 장사를 병행하는 바쁜 자영업자라면 시간 효율성을 고려해 손품을 통한 1차 분석이 특히 중요하다. 매물 정보, 상권 분석, 입지 평가 등 온라인에서 얻을 수 있는 자료는 무척 많다. 이를 충분히 수집하고 분석하면 기준에 맞지 않는 물건을 걸러내어 불필요한 현장 방문을 줄일 수 있다. 시간은 곧 자본이다.

좋은 물건으로 판단되면 반드시 현장을 방문해야 한다. 이때 임장 체크리스트를 활용해 건물의 내외부 상태, 주변 환경, 향후 개발 호재 등을 빠짐없이 확인하자. 체계적인 점검이 리스크를 줄인다.

투자 가치가 높더라도 사업 운영에 부적합할 수 있고, 반대로 사업에는 적합하지만 투자 가치가 낮을 수도 있다. 부동산과 사업, 두 가지 관점을 함께 고려하는 것이 핵심이다.

부동산과 사업 관점 모두에서 적합하다고 판단되면, 최종적으로 수지 분석과 재무 검토를 통해 결정을 내려야 한다. 총사업 비용, 예상 수익률, 자금 조달 계획, 미래 매각 가능성 등을 꼼꼼히 검토한 뒤 계약 여부를 결정해야 한다.

매물 분석 단계를 정리하면 다음과 같다.

1. 건물 및 토지에 대한 공적장부 확인(등기사항전부증명서, 건축물대장, 토지대장, 지적도)

2. 추정가 및 감정평가액 확인(은행, 랜드북, 부동산플래닛)

3. 3년~5년 이내 실거래가 확인(밸류맵)

4. 주변 건물 및 뷰 확인(에스맵, 브이월드)

5. 상권 및 입지 분석(상권분석 365, 오픈업 등)

6. 임장 체크리스트

7. 수지 분석

건물 매입 전 공적장부 확인의 중요성

기준에 맞는 건물을 발견했다면, 그 건물에 숨겨진 문제는 없는지, 왜 매물로 나왔는지 철저히 조사해야 한다. 이를 위해 나라에서 관리하는 공적장부는 꼭 검토해야 한다. 부동산 공적장부는 부동산의 소유권, 권리 관계, 용도, 물리적 특성 등을 공식적으로 기록하고 관리하는 문서다. 정부나 공공기관이 작성하고 관리하며, 부동산의 법적·행정적 상태를 증명하는 공식 문서로 사용된다.

등기사항전부증명서, 건축물대장, 토지대장, 토지이용계획확인원 등이 대표적이다. 각 문서는 부동산의 서로 다른 측면을 다루고 있어 종합적 검토가 필요하다. 공적장부 이상 여부는 부동산에서 기본적으로 체크해주지만, 매수자 본인이 직접 확인하는 것이 안전하다. 건물 계약을 위해 매수자가 반드시 확인해야 할 사항들이 있다. 각 문서에서 무엇을 확인할 수 있는지 살펴보자.

등기사항전부증명서 분석법

등기사항전부증명서에서는 소유권과 권리 관계 파악이 가능하다. 등기사항전부증명서는 부동산의 소유권 및 권리 관계를 기록한 문서로, 대법원 인터넷 등기소에서 쉽게 조회하고 발급받을 수 있다.

등기사항전부증명서는 토지와 건물로 나뉘어 있다. 각각의 소유권과 권리가 표시되어 있으므로 두 증명서를 모두 검토해야 한다. 토지 등기부에는 지목(대지, 임야 등)과 면적 등이 기록되어 있어 토지 이용 목적과 크기를 파악할 수 있다.

건물 등기부에는 건물의 층수, 구조(철근콘크리트, 벽돌 등), 용도, 사용 목적 등이 기록되어 있어 건물의 용도 및 구조를 정확히 파악할 수 있다. 이 정보가 실제 건물과 일치하는지 확인해야 한다.

권리 제한 사항도 꼭 확인해야 한다. 등기부의 갑구와 을구에는 소유권과 제한물권(저당권, 전세권 등)이 기록되어 있다. 이를 통해 해당 부동산에 설정된 권리 제한 사항을 확인할 수 있으며, 문제가 있는 건물인지 판단할 수 있다.

증명서는 표제부, 갑구, 을구로 나뉘어져 있고, 각 사항에서 확인할 수 있는 내용은 다음과 같다.

- 표제부: 부동산의 표시(지번, 지목, 면적)
- 갑구: 소유권에 관한 사항
- 을구: 소유권 이외의 권리

갑구에서는 소유권에 관한 정보가 기록이 되어 있는데, 소유권의 변동사항, 상속 여부, 가압류, 압류 등 권리 관계를 확인할 수 있다. 갑구를 통해서 실 소유자를 확인할 수 있고, 건물이 매매시장에 나온 이유도 유추할 수 있다.

을구는 저당권, 전세권 등 소유권 이외의 권리가 기록된 부분이다. 은행 대출 시 설정되는 근저당권이나 임차인의 전세권에 관한 정보가 여기에 기재된다. 을구에서 확인한 대출 금액과 대출 일정 정보를 통해 건물주의 현재 상황을 유추할 수 있다. 급매가 필요한 상황이라면 매매가 협상에서 유리한 위치를 점할 수 있다.

건축물대장 확인의 중요성과 정보 검증 방법

건축물대장은 건물의 소유, 구조, 용도, 면적 등 물리적 및 법적 상태를 기록한 공적장부다. 건물의 구조, 층수, 면적, 용도, 건축년도, 주차, 엘리베이터 등 건축물의 종합적 현황을 파악할 수 있다.

건축물대장에서는 법적 안정성 확인이 가능하다. 건축물대장을 통해 해당 건물이 위반 건축물인지 여부를 확인할 수 있다. 이는 향후 법적 문제 발생 가능성을 미리 파악하는 데 중요하다. 건물 이력 추적도 가능하다. 건축허가, 사용승인, 용도변경, 증축, 리모델링 등 건축 관련 행정 업무의 근거로 사용되며, 건물의 변경 이력을 상세히 알 수 있다.

건축물대장은 정부24에서 온라인으로 무료 발급이 가능하며, 건축행정시스템 세움터에서도 쉽게 조회할 수 있다. 대지 면적, 건물 연면적, 건폐율, 용적률 등 기본사항은 대부분 일치하는 경우가 많다. 하지만 주차대수와 승강기 여부는 차이가 발생할 수 있어 주의가 필요하다.

간혹 주차 공간 정보가 실제와 다른 경우도 있다. 건축물대장상 주차대수가 없지만, 건물에 주차 가능 공간이 있어 매물 보고서에는 주차 가능으로 표시되는 경우가 있다. 이는 불법일 수 있으며, 추후 주차장으로 사용하지 못하게 될 가능성도 있다.

건축물에 관한 허위 정보는 부동산 중개업소의 허위광고에 해당하며, 과태료나 형사처벌 대상이 될 수 있다. 계약을 진지하게 검토하는 건물에 대해서는 반드시 건축물대장을 직접 확인해야 한다. 이는 추후 발생할 수 있는 법적, 금전적 문제를 예방하는 중요한 절차다.

건축물대장(위반건축물)

건축물대장에 '위반건축물'이라는 노란 박스가 있다면 해당 건물은 법적 문제를 갖고 있는 것이다. 예를 들어, 근린생활시설 및 주택을 숙박시설로 불법 용도변경하여 사용한다면, 그것은 위반 사유이기 때문에 '위반건축물'로 표기된다.

위반건축물로 표기된 건물을 매입할 경우, 금융기관에서 대출에 제한을 둘 수 있다. 이는 건물 매입 자금 조달에 심각한 차질을 빚을 수 있어 계약 과정에서 매우 중요한 이슈다.

위반건축물 시정을 위해 추가적인 공사나 행정 절차가 필요할 수 있으며, 이에 따른 비용과 시간이 소요될 수 있다. 매매계약 시 특약사항으로 잔금 전 위반건축물 해소 또는 위반건축물에 의해 대출이 실행되지 않는 경우 계약 파기/잔금일 연장 등의 조건을 넣는 것이 좋다.

토지대장

토지대장은 토지의 소유권, 위치, 면적, 용도, 개별공시지가를 기록한 공적장부이다. 지적공부(지적도, 경계측량 등)의 기준으로 작성되며 토지의 법적 경계와 면적을 확인할 수 있다. 주로 지목, 면적, 토지 이력을 파악할 때 확인한다.

토지이용계획확인원

토지이용계획확인원은 토지의 용도 지역, 지목, 토지 규제 정보 등 토지 이용과 관련된 법적 · 행정적 사항을 확인할 수 있는 공적 문서다. 공적장부로서 정부24를 통해 출력이 가능하며, 온라인으로는 토지이음(https://www.eum.go.kr/) 사이트에서 열람할 수 있다.

토지이용계획에서는 「국토의 계획 및 이용에 관한 법률」에 따른 지역 · 지구 및 다른 법령에 따른 지역 · 지구를 확인할 수 있다. 건물이 속한 지역 · 지구를 알면 해당 지구단위

계획을 확인해 향후 건물을 신축할 때 계획을 짤 수 있다. 하지만 이러한 복잡한 사항은 일반인들이 직접 정보를 찾고 이해하는 것이 어렵기에 건축사와 같은 전문가에게 조언을 듣는 것이 좋다.

건물 시세 확인 - 추정가, 감평가 확인

건물 매입 전에 시세를 알아보기 위해서 탁상감정평가를 진행한다. 현장 방문 없이 관련 데이터를 기반으로 부동산 가치를 산출하는 방식이다. 은행에 요청하거나 중개법인을 통해 받을 수 있다. 개인이 은행에 탁상감정평가를 요청할 때에는 확실한 매입 의사를 보여줘야 한다. 매입이 불확실한 건물에 관해서는 탁상감정평가를 제공하지 않으므로 자칫 헛일이 될 수도 있기 때문이다. 팁이 있다면, 계약서 작성은 안 했지만, 부동산에 도장을 찍지 않은 상태의 매매계약서를 요청해서 제출하면 매입 의사가 있다고 판단하고 탁상감정평가를 잘해주는 편이다.

탁상감정과는 별개로 프롭테크PropTech ▪를 활용하면 건물의 추정가를 빠르고 간편하게 확인할 수 있다. 제공되는 추정가는 빅데이터를 활용해서 AI가 산출하는 건물의 추정 금액

▪   부동산을 뜻하는 'Property'와 기술을 뜻하는 'Technology'의 합성어로 빅데이터, 정보통신기술, 인공지능 등을 접목한 부동산서비스이다.

인데 경험상 80% 이상의 정확도가 있었다. 매매가보다 추정가가 높은 경우, 대부분 감정평가액이 매매가만큼 나왔다. 이 말은 시세 대비 매매가가 낮은 상태이고, 매매가의 70~80% 대출한도가 나온다는 말이다.

추정가 확인 방법은 다양하다. 랜드북(https://www.landbook.net), 부동산플래닛(https://www.bdsplanet.com) 같은 프롭테크 서비스를 통해 확인할 수 있다. 다만 각 서비스의 산출 방식이 달라 결과에 차이가 있을 수 있다. 두 서비스의 추정가를 평균 내어 참고하고, 차이가 크면 탁상감정을 의뢰하는 것이 좋다.

AI 건물 추정가(출처: 부동산플래닛)

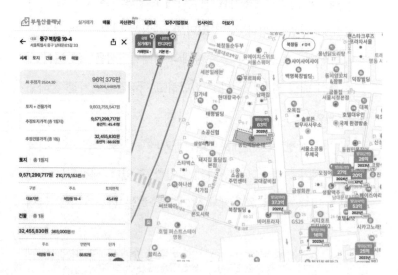

실거래가를 통한 시세 파악 방법 - 3년 이내 평단가 확인

주변의 실거래가를 확인하는 방법으로도 시세를 파악할 수 있다. 예전에는 주변 건물의 거래 가격을 알기 어려웠다. 유일한 방법은 주변 건물의 등기사항전부증명서를 하나씩 발급해서 확인하는 것이었다. 심지어 이 방법으로도 2006년 이전 거래는 매매가를 확인할 수 없었다. 실질적으로 매물 주변의 최근 실거래가가 시세를 결정했다.

프롭테크의 혁신이 이런 한계를 극복했다. 지도 기반으로 실거래 금액을 총액과 평당 가격으로 확인할 수 있는 프롭테크 서비스가 등장한 것이다. 그중 가장 널리 알려진 것이 밸류맵(https://www.valueupmap.com/)이다. 밸류맵은 다양한 프롭테크 중에서 가장 실거래가 정보의 업데이트가 빠르고, 거래 연도별로 나눠서 조회가 되어 시세 파악에 큰 도움이 된다.

서울은 최근 3년 이내, 경기도와 지방은 최근 5년 이내 실거래가를 조회하는 것이 좋다. 서울은 수요가 많아 주변 실거래가 현황이 풍부하다. 지방의 경우 실거래가 적으면 기간을 늘려 파악하는 것이 현명하다.

실거래가 조회 시 건물의 평단가를 기준으로 비교하는 것이 효과적이다. 지도 기반 조회의 장점을 활용해 실거래 빈도를 확인하는 것도 중요하다. 해당 지역의 실거래 건수가 많다면, 이는 수요가 많은 지역임을 의미하며, 향후 매각하기에도 용이한 지역이라 할 수 있다.

3차원 지도 플랫폼을 통한 부동산 정보 확인

가상현실 지도의 혁신은 부동산 분석에 새 지평을 열었다. 서울시와 국토교통부에서 제공하는 도시 계획 및 공간 정보를 가상현실로 시각화한 3차원 지도 기반 플랫폼이 등장했다. 이를 통해 건축물 정보, 건물 높이, 인접 관계, 옥탑부 형태, 불법건축물, 전망, 교통 및 환경 등을 온라인으로 손쉽게 확인할 수 있다.

지역별 활용 플랫폼이 구분되어 있다. 서울 지역은 '서울 3차원 지도 에스맵'(https://smap.seoul.go.kr/)을 통해 조회가 가능하다. 경기도 및 지방의 경우에는 '브이월드'(https://map.vworld.kr/)에서 조회할 수 있다.

3차원 지도(출처: 에스맵)

3차원 지도로 건물과 주변 환경을 직관적으로 확인할 수 있다. 이는 평면 지도에서는 얻기 어려운 정보다. 사업을 운영하며 바쁜 시간에 건물들을 분석하고 결정해야 하는 상황에서, 임장 전에 다양한 방법으로 정보를 파악하는 것이 시간을 절약하는 효과적인 방법이다. 3차원 지도는 이런 효율적 분석을 가능하게 하는 필수 도구다.

공실률 및 임대료 파악

공실률과 임대료는 인터넷에서 찾을 수 있다. 한국부동산원에서 제공하는 부동산통계 시스템 R-ONE(https://www.reb.or.kr/)은 상업용 부동산 임대 동향에 관한 귀중한 통계자료를 제공한다. 핵심 상권별로 임대가격지수, 임대료, 공실률, 수익률을 체계적으로 분석해 준다.

오피스, 중대형, 소규모, 집합 등 다양한 카테고리로 정보가 분류되어 있다. 자영업자의 경우 소규모 카테고리를 선택해 필요한 정보를 효과적으로 조회할 수 있다.

공실률은 상업용 부동산 건물에 큰 영향을 미친다. 수익형 부동산인 건물은 임대료가 건물 가치의 잣대인데, 이는 공실률과 직접적인 관계가 있다. 이 자료는 지역 상권의 건전성을 판단하는 데 활용할 수 있다. 공실률이 높다는 것은 해당 지역에서 장사가 잘되지 않거나 유입되는 소비층이 적다는 것으로 판단할 수 있다.

2024년 3분기 소규모 상업용 부동산의 공실률(출처: R-ONE)

자영업자의 건물 매입 전략, 상권과 컨텐츠의 균형

장사 잘될 자리를 월세로 알아보며 직접 체득한 경험이 있기 때문에, 사장님들은 기본적으로 상권 분석에 대한 기본적인 지식은 있다. 이는 건물 매입에도 중요한 자산이 된다. 현실적으로 접근하는 것이 중요하다. 건물 매입에 있어 오직 '장사 잘될 자리'만 고집한다면 매입 시기가 계속 늦어질 수 있다. 특히 프랜차이즈 운영을 위한 건물 매입은 더 많은 자금이 필요할 수 있다. 상권과 입지가 좋은 곳의 건물은 매매가가 상당히 높은 경우가 많기 때문이다.

그렇다고 방법이 없는 것은 아니다. 사업 컨텐츠 특성에 맞는 전략이 핵심이다. 자신의 장사 콘텐츠의 특성을 정확히 파악하고 그에 맞는 건물 매입 방향을 설정해야 한다. 업종별로 어떤 방향을 택할 수 있는지 살펴보자.

유동 인구에 의존하는 업종이라면 입지가 좋아 토지 평당가가 높은 지역 중에서 땅이 작은 소규모 건물을 공략해 볼 만하다. 구도심에서는 허용 건폐율보다 높은 건물들이 존재하는데, 이런 곳은 작은 대지에 비해 활용 가능한 면적이 크다. 예를 들면, 입지가 좋은 지역에 대지는 30평인데 건폐율이 90% 이상이어서 1층 면적 28평으로 장사를 할 만한 면적의 건물들을 말한다.

예약 기반 업종이라면, 특히 사전 예약률이 높을 경우 건물 매입에 유리하다. 평단가가 높은 메인 입지를 피해 이면이나 인근 건물을 찾아보는 것이 좋다. 집객력이 트래픽을 만들고, 이는 건물의 가치를 상승시킨다. 안쪽으로 들어갈수록 평단가는 적게는 몇백, 많게는 몇천만 원씩 떨어진다. 단독 주택가에 들어가는 건 무리가 있지만, 이 중에서도 핫플이 들어올 만한 자리를 선점해서 들어가는 것이 중요하다. 평단가가 낮아지면 그만큼 사용 면적은 커지고 테이블 수가 늘어나면서 매출 향상에도 도움이 된다.

층별로 활용이 가능한 업종이라면, 작은 땅에 3층 이상의 건물이 유리하다. 30평 땅에 각 층 18평씩 4개 층의 건물이라면, 한 층은 20평이 안 되지만 총 연면적은 70평이 넘는다.

개인 레슨, PT샵, 미용실 등은 층별 활용이 가능한 업종이다.

그동안 임차를 목적으로 장사할 자리를 찾았다면, 장사 관점으로만 상가를 찾아봤을 것이다. 건물을 매입한다는 것은 장사를 직접 운영해야 하는 조건들도 갖춰야겠지만, 부동산의 관점에서 향후 가치가 오를만한 곳인지를 잘 살펴봐야 한다.

빅데이터 상권분석: 추정 매출로 입지 판단하기

장사를 하기 위해 지역을 정할 때 중요하게 보는 것은 해당 입지가 장사가 잘되는 곳인가를 파악하는 것이다. 매출 파악의 과거와 현재는 뚜렷한 차이가 있다. 과거에는 줄 서는 가게 수, 유동 인구, 테이블 점유율, 빈 술짝 개수 등으로 매출을 간접적으로 유추했다.

하지만 이제 빅데이터 혁명이 상권 분석을 바꿨다. 최근 빅데이터 기반 상권 정보 플랫폼들의 등장으로 지도 기반에서 손쉽게 가게의 매출 정보를 확인할 수 있게 되었다. 이로 인해 과거의 복잡한 유추 방법들이 불필요해졌다.

오픈업(https://www.openub.com/)은 상점의 추정 매출을 지도 기반으로 확인할 수 있는 플랫폼이다. 이를 통해 상권과 입지를 보다 과학적으로 선정할 수 있다. 제공되는 매출 정보는 행정안전부, 국토교통부, 국세청, 통신사, 카드사 등 다양한 빅데이터를 AI가 학습하여 계산한 추정치이기에 데이터의 신뢰성은 충분히 높다.

활용 방법은 단순하다. 관심 있는 매물 주변의 업종과 매출을 확인하는 것이 기본이다. 음식점을 운영하려 한다면, 인근 지역 음식점들의 매출을 살펴볼 수 있다. 물론 아이템 종류와 운영자의 능력에 따라 차이가 있겠지만, 지역 음식점 매출이 전반적으로 높다면 그만큼 수요가 높다고 판단할 수 있다.

등촌동 주변의 추정 매출(출처: 오픈업)

소상공인365 상권분석 플랫폼 활용 가이드

소상공인시장진흥공단에서 제공하는 '소상공인365'(big data.sbiz.or.kr)는 18년간 운영된 상권 정보 시스템을 고도화한 플랫폼이다. 이 플랫폼은 창업 및 경영 의사결정에 필요한 다양한 데이터를 제공한다.

공공 및 민간 데이터를 수집하여 종합적인 상권 정보를 제공하므로 입지 평가부터 배달 정보 분석 리포트까지 제공하므로 가게 위치와 업종 선택에 큰 도움이 된다. 예를 들어 내 가게 경영진단으로 현재 상황을 객관적으로 파악할 수 있다. 자신의 가게 데이터를 입력하면 경영 상태를 진단하고 개선점을 찾을 수 있는 기회가 생긴다.

홍대입구역 주변 상권의 매출 분석(출처: 소상공인365)

임장할 때 반드시 확인해야 할 임장 체크리스트

부동산 임장의 중요성과 효과적인 방법

부동산 매입에서 임장은 매우 중요하다. 주로 온라인상에서 건물을 찾거나, 부동산에서 건물 목록을 받는 것으로 매물을 알게 된다.

임장은 부동산 매입의 핵심 단계다. 임장(臨場)은 臨(임): '임하다, 마주하다', 場(장): '장소, 현장'의 뜻으로 현장에 직접 나가서 확인하고 조사한다는 의미의 단어이다. 부동산 매물의 내부 및 외부 상태, 주변 환경, 향후 호재 등을 파악하는 행위를 말한다.

임장을 할 때는 매장 실사용자로서의 관점이 있어야 한다. 자영업자는 건물을 단순 투자가 아닌 실제 사업장으로 사용하므로 임장의 중요성이 더욱 크다. 장사를 할만한 입지인지, 실제 사용 목적에 적합한지 직접 확인해야 한다.

받은 매물 중 손품(온라인 조사, 프롭테크와 상권 플랫폼 분석)으로 50% 이상 걸러내는 것이 효율적이다. 손품을 통해 필수 조건에 부합하고 선택사항의 점수도 좋은 매물을 중심으로 임장 일정을 계획해야 한다.

부동산은 현장에서만 알 수 있는 정보가 많다. 주변 공실 여부, 유동 인구의 실제 흐름, 접근성 등은 온라인 정보만으로는 정확히 파악하기 어렵다. 그러니 임장은 꼭 준비를 하고 가야 한다.

임장 일정 계획은 전략적으로 세워야 한다. 특별히 좋은 매물은 당일 바로 방문하는 것이 좋다. 여유가 없다면 일주일 단위로 매물을 분석해 쉬는 날에 효율적으로 여러 곳을 방문하는 전략이 필요하다.

눈에 보이는 것만 체크하고 돌아오면 중요한 요소를 놓칠 수 있다. 임장 체크리스트를 활용해 꼼꼼히 확인하는 것이 두 번 방문하는 수고를 줄이는 방법이다. 내부, 외부, 주변 환경에서는 다음과 같이 확인하면 된다.

건물 내부 임장 시 핵심 체크포인트

건물 내부는 공인중개사와 함께 확인해야 한다. 공인중개사가 매도인의 허락을 받아 함께 방문해야 확인할 수 있기 때문이다. 이때 놓치지 말아야 할 중요 체크포인트들이 있다.

(1) 공적장부와 실제 현황 비교

실제 정보와 공문서 일치 여부를 꼼꼼히 확인하라. 실제 면적, 층수, 층별 용도, 엘리베이터 유무 등 건물 내부에서만 확인 가능한 사항들이 많다. 건축물대장이나 등기부등본에 기재된 정보와 실제 건물 정보가 일치하는지 반드시 비교해야 한다.

불일치 사항은 추가 비용 발생의 원인이 될 수 있다. 장부와 실제 정보가 다를 경우, 추후 정상화를 위한 비용이나 법적 문제가 발생할 수 있음을 명심해야 한다.

(2) 주차 공간 확인

실제 주차 가능 대수를 직접 확인하라. 건물에서 주차는 매우 중요한 요소다. 공적장부상의 주차대수와 실제 주차장을 비교 확인해야 한다.

비공식 주차 공간도 체크하는 것이 좋다. 주차장으로 지정되지 않았지만 추가로 주차할 수 있는 공간이 있는지 확인하면 실제 운영 시 큰 도움이 된다.

(3) 불법 건축물 확인

위반 건축물의 정확한 위치를 파악하라. 건축물대장에 위반 사항이 등재되어 있다면, 정확히 어느 부분이 위반건축물

인지 확인해야 한다.

또한 위반건축물로 등재되지 않았더라도 실제 불법 요소가 있을 수 있다. 이런 경우 추후 위반건축물로 등재될 가능성이 있어 주의가 필요하다.

주요 위반 사례는 눈여겨보아야 한다. 옥상이나 건물에 인접한 가설 구조물, 주차장이나 베란다를 상업시설로 용도를 변경한 경우가 대표적인 위반 사례다.

(4) 건물 상태 점검

방수 상태와 누수 흔적은 반드시 확인해야 한다. 특히 사용 연수가 오래된 건물은 옥상 방수 상태와 천장 및 벽면의 누수 흔적을 꼼꼼히 살펴봐야 한다.

벽면 균열과 결로 현상도 중요한 체크포인트다. 균열의 폭이 넓고 개수가 많다면 구조적 문제가 있을 수 있으므로 전문가의 확인이 필요하다.

(5) 옥상에서 바라보는 전망

옥상에서의 전망은 건물 가치를 높이는 요소다. 건물 주변에 산, 하천, 공원 등 좋은 전망이 있거나 지대가 높은 곳에 있는 건물이라면, 옥상까지 올라가 전망을 확인하는 것이 좋다.

좋은 전망은 임대료 상승 요인이 된다. 건물 상층부의 전망에 따라 임대료 차이가 크기 때문에 영구적인 조망을 확보한 건물은 주변 시세보다 높은 가치를 가진다.

구분		내용	체크 (상중하)	비고
건물 내부	공적장부와 실제 현장 비교	이상 없음	상	실제 면적, 실제 층수, 엘리베이터
	실제 주차 대수	6대	상	건물 주변 도로 주차 가능 대수 확인
	불법 건축물 여부	있으나 해소 가능	중	옥상, 주차장 등에 설치된 가건물 등 확인 필요
	옥상 방수/천장 및 벽면 누수 흔적	옥상 방수 필요	중	옥상 확인이 어려울 시 천장의 누수 흔적 확인
	벽면 균열/결로	균열 및 결로 없음	상	베란다, 지하, 창호 주변 등 확인
	옥상에서 바라보는 전망	하천변 영구조망	상	옥상 확인이 어려울 시 최상층 전망 확인
건물 외부	유동 인구	2030세대 저녁 시간 유동 인구 많음	상	시간대별 유동 인구 확인/유동 인구의 유형 분석(연령, 성별 등)
	주변 신축 여부	근생 신축 다수 진행 중	상	주변에 신축되고 있는 사례가 많으면 지역 활성화 가능성 있음
	도로와의 관계	6m 도로, 교행 가능	상	접하는 도로의 너비 (4m 이상인지 확인), 차량 진입 여부
	주변 주차 환경	500m 근방 공영주차장 있음	상	공영주차장, 거주자 우선 주차장 등

건물 외부 임장 시 핵심 체크포인트

건물 외부를 확인할 때는 건물 자체뿐만 아니라 주변 환경도 유심히 봐야 한다. 주변이 사업에 미치는 영향은 매우 크기 때문이다. 외부 임장에서 놓치지 말아야 할 핵심 요소들을 살펴보자.

(1) 유동 인구 분석

타겟 고객층과의 일치 여부를 확인해야 한다. 건물 앞을 지나는 유동 인구가 내 업종에 맞는 연령대인지, 성별인지 직접 파악하는 것이 중요하다. 여러 시간대로도 방문하면 좋다. 건물 매입을 진지하게 고려한다면 주중, 주말, 점심, 저녁 등 다양한 시간대의 유동 인구를 직접 확인해 봐야 한다. 시간대별로 고객층과 유동량이 크게 달라질 수 있기 때문이다.

(2) 주변 신축 현황 파악

건물 주변에 신축 건물이 많거나 대수선 공사가 활발한 지역이라면 건물 거래가 활발하다는 증거다. 이는 지역 발전의 긍정적인 신호로, 감정평가와 임대료 상승에 영향을 준다. 신축이 많은 지역은 실거래가 활발해 감정평가액도 높아지며, 임대료도 상승하는 경향이 있다. 양질의 콘텐츠를 가진 임차인이 입주할 가능성도 높아진다.

(3) 도로와의 관계 분석

도로 폭과 건물 가시성은 밀접한 관계가 있다. 도로의 폭이 넓을수록 건물의 가시성이 좋아지며, 멀리서도 건물이 잘 보이게 된다. 가시성이 좋은 건물은 당연히 임차인들의 선호가 높을 수밖에 없다.

6m 이상의 도로 폭은 추가 이점이 있다. 이 정도 폭이 확보되면 건물 앞 일시 주차와 동시에 차량 이동이 가능해진다. 특히 픽업 서비스가 필요한 업종에게는 매우 유리한 조건이다.

반대로 도로 폭이 4m 이하인 경우 건물 가시상이 떨어지고 접근성도 제한되기 때문에 4m 이하 도로의 제약을 인지해야만 한다. 또한 신축 시 최소 4m 도로 폭 확보 규정 때문에 자신의 땅 일부를 내줘야 하는 상황이 발생할 수 있다. 다만, 익선동, 연남동 미로길처럼 좁은 도로지만 유동 인구가 매우 많은 특수 상권은 별도로 평가해야 한다.

(4) 주변 주차 환경 조사

소형 빌딩의 주차 한계를 인식해야 한다. 꼬마 빌딩은 주차장이 없거나 1~2대 정도만 가능한 경우가 많아 고객용 주차장 확보가 어려운 것이 현실이다.

주변 주차 시설 활용을 고려하라. 건물 자체의 주차 공간이 부족하더라도, 도보 5~10분 이내 공영주차장이나 사설주차장이 있는지 확인하는 것이 중요하다.

주차 문제 해결 사례를 참고하자. 광주 송정 라라브레드의 맞은편에는 대규모 주차장이 있어 방문객에게 주차 지원을 통해 문제를 해결하고 있다.

주변에 활용 가능한 주차장이 있다는 것은 나중에 건물 매각 시에도 강점으로 어필할 수 있는 중요한 요소다.

구분		내용	체크 (상중하)	비고
주변 환경	대중교통 접근성	4호선 성신여대역 도보 3분 /주변 버스 정류장 다수	상	대중교통 정류장, 역에서 소요 시간 직접 걸으며 보행로 상태 (오르막길, 인도와 차도의 구분 등) 확인
	주변 임대료 (시세)	1층은 10만 원/평 내외 지하 및 2~4층 6만 원/평 내외 평균 7.5만 원/평	중	평당 임대료/층별 확인
	주변 상가 공실률	1층 공실 없음 2, 3층 일부 공실	중	부동산 상담, 도보 임장
	최근 실거래 건물 찾아가 보기	동소문동1가 54 : 2019년 평당 6,400 거래 : 리모델링/전 층 임대 중 동소문동5가 59-4 : 2019년 평당 4,600 거래 : 숙박시설/시설 양호	상	위치, 외관, 건물 상태 등 살펴보며 실거래 이유 찾아보기

	주변 상권	로데오 거리 /돈암동 시장 성북구청, 성북경찰서 관공서 성북천 일대 유동 인구 많음	상	주변 상권의 특성 확인 (카페거리, 먹자골목, 유흥상권 등)
	편의점, 지역 식당 인터뷰	주 소비 연령층 : 20대, 30대 여성 상권 활성화: 양호	상	주요 소비 연령층, 상권 활성화 정도
호재	교통 호재	우이신설선 호재 반영	중	지하철 개통 및 연장 진행 상황 등
	개발 및 인프라 호재	성북천 수변활력거점 사업 지구단위계획상 단독 개발 가능	상	정부 주도 개발 사업, 대형 상업시설 계획 등

주변 환경 임장

부동산 관점의 입지 평가는 투자 가치를 결정하는 중요한 요소다. 건물의 내부와 외부를 사용성 측면에서 확인했다면, 이제는 주변 환경을 통해 부동산으로서의 가치를 평가해야 한다.

(1) 대중교통 접근성

지하철과 버스 정류장 거리는 직접 측정해 보자. 대중교통 시설에서 건물까지의 도보 거리 및 소요 시간은 건물 가치에 직접적인 영향을 미친다. 고객의 접근성뿐만 아니라 직원들의 출퇴근 시간에도 영향을 주는 중요한 인자다. 직접 걸어보면 좋다. 단순히 지도상 거리만 확인하는 것이 아니라, 직접 걸어가면서 경사도, 인도와 차도의 구분 상태, 실제 유동 인구를 체감할 수 있기 때문이다.

지역별 기준이 다르다는 점도 잊어서는 안 된다. 서울 도심지의 경우 도보 5분 이내가 좋고, 10분을 넘지 않는 것이 이상적이다. 반면 지방의 경우 차량 이동이 많은 지역은 역 도보 거리보다 주차장 여건이 더 중요할 수 있다.

(2) 주변 임대료(시세)

주변 임대료를 조사하면 투자 가치를 파악하는 데 도움이 된다. 건물을 직접 사용하더라도 주변 임대료 시세를 파악해야 수익률을 정확히 계산할 수 있다. 특히 일부를 임대하는 경우라면 더욱 중요하다. 로컬 부동산 활용이 가장 정확하다. 온라인 플랫폼에서도 확인 가능하지만, 임장 시 현지 부동산에서 임차 시세를 파악하는 것이 실제 시장 상황을 반영한다.

같은 평수라도 건물 경과연수, 층수, 엘리베이터 유무, 리모델링 정도에 따라 임대료 차이가 크기 때문에 유사한 물건을 비교해야 한다. 20평 신축 2층 상가와 30년 차 엘리베이터 없는 4층 상가는 완전히 다른 임대료를 형성한다.

비교군은 적절하게 선정해야 한다. 매물이 리모델링 안된 20년 차 건물이라면, 15~25년 사이의 리모델링 안 된 같은 층 건물을 비교군으로 삼아야 한다. 정확한 비교군이 없다면 최대한 근사치의 건물을 찾아야 한다.

계산은 전용면적 기준 평당 임대료로 하는 것이 좋다. 예를 들어 전용면적 20평 1층 상가의 임대료가 보증금 2,000만원, 월세 200만 원이라면, 평당 임대료는 10만 원이다. 매물의 1층이 25평이라면 월 250만 원으로 예상할 수 있다.

보증금과 월세 환산에 주의해야 한다. 보증금은 일반적으로 월세의 10~12배 정도로 보면 된다. 임대료 계산 시 주로 월세를 기준으로 비교하며, 보증금이 월세의 15배 이상이면 월세가 낮은 것이므로 환산이 필요하다.

(3) 주변 공실률 및 실거래 건물

주변 공실률은 투자 위험도를 판단하는 지표다. 주변에 공실이 많다면 임대료 시세가 낮아질 수밖에 없다. 모든 공실이 소진된 후에야 임대료가 정상 시세로 반영된다.

직관적 확인 방법은 현장 답사다. 임대 문의 현수막이 많거나 오랫동안 비어 있는 상가가 많다면 공실률이 높은 지역이다. 활성화된 상권일수록 공실을 찾기 어렵다.

주변 실거래 사례 조사로 시장 동향을 파악할 수 있다. 임장 전에 프롭테크를 통해 주변 실거래 건물을 확인하고, 해당 건물들을 찾아가 거래 이유를 유추해 보는 것이 도움이 된다.

(4) 주변 상권

상권 플랫폼들을 활용해서 상권에 대한 정보를 사전에 확인하고 실제 상권 분위기를 확인해야 한다. 매물 인근 상권의 특성 확인(카페거리, 먹자골목, 유흥상권 등), 유동 고객층의 연령대, 주동선 라인, 장사가 잘되는 업종과 상점, 주변 배후 수요(주거지, 오피스, 관광지 등), 상권과 건물의 입지의 관계, 경쟁 업종의 포화정도 등을 볼 수 있다. 장사관점에서의 상권 분석으로 업종에 따라 다양한 포인트들을 파악해 볼 수 있다.

호재 파악. 미래 가치 예측의 핵심

부동산 가치 상승의 핵심은 트래픽 증가다. 호재는 부동산 관점에서 지역의 미래 가치를 예측할 수 있는 중요한 요소다. 트래픽이 늘어나면 소비가 증가하고, 이는 상점 활성화로 이어져 양질의 상점들이 계속 진입하는 선순환 구조를 만든다.

(1) 교통 호재의 중요성

새로운 교통망은 강력한 가치 상승 요인이다. 지하철, 경전철, KTX, 고속도로, 신공항 개통 및 연장 등 새로운 교통 인프라의 구축은 해당 지역의 트래픽을 크게 증가시킨다.

개발 시기와 개발의 확실성은 확실하게 조사해야 한다. 대규모 교통 사업은 노선도가 발표되더라도 실제 개통까지 짧게는 5년, 길게는 10년 이상 걸리며 때로는 취소되는 경우도 있다. 착공이 시작된 사업이라면 장기적 관점에서 투자를 고려해 볼만하다. 실제 개통 시기는 로컬 부동산이나 해당 관공서를 통해 현재 진행 상황을 정확히 파악하며 예측할 수 있다.

(2) 개발 및 인프라 호재 분석

정부 주도 개발 사업은 해당 지역의 성장 촉매제가 되어 인구 유입과 경제 활성화를 가져온다. 대표적인 예로 대형 쇼핑몰, 복합시설, 병원, 문화시설 등의 입점은 지역의 상업과 주거 수요를 증가시킨다. 주거와 일자리가 늘어나면서 상업 시설도 자연스럽게 증가하게 되며, 이는 지역 경제를 더욱 활성화시킨다.

이런 개발 및 인프라 호재에 대해 잘 파악하고 있는 곳은 로컬 부동산이다. 그렇기에 임장을 통해 해당 지역의 호재를 종합적으로 분석하고, 깊게 알아보는 전략이 중요하다. 임장을 반복하면서 지역을 더 잘 이해하고, 이를 바탕으로 기준표

를 작성해 매물 평가 및 수지 분석을 통해 최종 계약 여부를
결정할 수 있다.

수지 분석, 부동산 투자의 마지막 검증 단계

수지 분석은 투자 결정의 객관적 근거를 제공한다. 부동산 투자에서 수입과 지출을 계산해 수익성을 분석하는 과정으로, 얼마를 투자해서 얼마를 버는지 정량적으로 따져보는 과정이다.

수지 분석은 운영 목적으로, 그리고 장기적인 관점으로 접근해야 한다. 자영업을 위한 건물 매입은 즉시 매각보다 운영을 통한 장기적 가치 창출이 목적이므로, 매각 수익 예측보다 자금 조달 계획과 운영 수익률이 더 중요하다.

수지 분석을 통해 다음과 같은 사항들을 명확히 파악할 수 있다.

1. 총 매입 금액 및 자금 조달 비용 산출
2. 현재 수익률 및 가치 상승 시 수익률 예상

3. 운영 시 현금 흐름 예측

4. 향후 예상 매각 금액 산정

5. 대출 심사 승인에 필요한 근거 자료 확보

총 매입 비용과 자금 조달 계획은 건물 매입의 출발점이다. 아무리 좋은 건물이라도 자금을 조달할 수 없다면 매입은 불가능하다. 매입가뿐 아니라 취득세, 중개수수료, 리모델링 비용 등 모든 부대비용을 포함한 총액을 정확히 계산해야 한다.

현재 수익률과 미래 수익률의 비교가 투자 가치를 결정한다. 현재 임대 수익률이 3% 미만이라도, 직접 운영하거나 리모델링을 통해 새로운 임차인을 유치하면 수익률이 크게 향상될 수 있다.

수익률 향상 가능성을 객관적으로 분석해야 한다. 건물의 현재 상태, 지역 시장 상황, 리모델링 비용 대비 임대료 상승 등을 종합적으로 고려하여, 수익률 개선 가능성을 면밀히 검토해야 한다.

대출 이자와 임대료의 균형이 핵심이다. 매입 이후 매월 발생하는 대출 이자와 임대 수입의 차이를 정확히 예측하고, 이를 바탕으로 적절한 대출 한도를 설정해야 한다.

현금 준비금 확보는 안정적인 운영의 기본이다. 이자 납부, 공실 발생, 예기치 못한 수리비 등 다양한 변수에 대비해 일정 수준의 현금 유동성을 확보해 두는 것이 중요하다.

향상된 수익률은 향후 매각 금액에도 영향을 준다. 수익률 개선을 통해 건물 가치가 상승하면, 매각 시 더 높은 금액을 받을 수 있다. 단기적인 임대 수익뿐 아니라, 장기적인 자산 가치 상승까지 고려한 종합적인 투자 판단이 필요하다.

은행은 수익성과 안정성을 동시에 평가한다. 은행은 임대 수익으로 대출 이자를 상환할 수 있는 구조를 선호하며, 매입 후 수익률과 공실 위험을 집중적으로 살핀다. 만약 건물의 일부를 직접 운영할 예정이라면, 안정적인 수익 창출이 가능하다는 점을 강조해 대출 심사에 긍정적인 영향을 줄 수 있다.

임대 수익률과 건물 매각 금액

수지 분석 플로우에 앞서, 잠시 임대 수익률에 대해 살펴보자. 임대 수익률은 부동산 투자에서 기본이 되는 개념으로, 연간 임대 수익을 실질 투자금(총 매입 금액에서 보증금을 제외한 금액)으로 나누어 백분율로 계산한다. 예를 들어, 매입금 21억 원, 보증금 1억 원, 월 임대료 500만 원인 경우 수익률은 약 3%다. 같은 건물을 더 높은 가격인 23억 원에 매입하면 수익률은 2.72%로 낮아지게 된다. 매매가가 올라가게 되면 수익률이 낮아지게 된다.

임대 요구수익률은 투자자들이 기대하는 최소한의 수익

률로 예상 매각 금액을 산정할 때 활용된다. 쉽게 말해 매각할 수 있는 임대 수익률이다.

지역에 따라 요구되는 임대 수익률이 다르다. 예를 들면, 강남은 수요층이 두터워 2~2.5%의 낮은 수익률도 양호한 투자로 간주되며, 마포, 용산, 성동은 약 2.5~3%, 기타 서울 지역은 약 3~3.5%, 지방은 4~6%의 요구 임대수익률이 적용된다. 해당 수익률은 금리, 부동산 경기, 매수 수요, 매물량 등에 따라 달라질 수 있다. 낮은 수익률이 반드시 나쁜 것이 아니며, 지역별 시장 상황과 자신의 투자 목적에 맞춰 수익률을 해석하는 것이 중요하다. 단순히 높은 수익률만을 좇기보다는 합리적인 기준과 전략을 갖춘 투자가 현명하다.

건물 매각 금액은 정해진 공식이 있는 것은 아니지만, 임대수익률 계산식을 응용해 예측할 수 있다. 기본 공식은 다음과 같다.

$$건물\ 매각\ 금액 = \frac{연간\ 임대수익}{기대\ 임대수익률} + 보증금$$

이때 '기대 임대수익률'은 지역별 요구 수익률을 기준으로 설정하되, 시장 상황이나 건물 상태에 따라 조정이 필요하다. 예를 들어, 마포구의 요구 임대수익률이 2.5%이고 보증금이 1억 원, 월 임대료가 500만 원일 경우 예상 매각 금액은 약 25억 원이다. 같은 건물이라도 임대료가 600만 원으로 오르면 매각 금액은 약 29.8억 원으로 상승하며, 반대로 요구 임대수익률이 2.7%로 올라가면 매각 금액은 약 27.7억 원으로 떨어진다. 이처럼 임대료와 임대수익률은 매각 금액에 큰 영향을 미친다.

결국 수익률 최적화가 매각 전략의 핵심이다. 직접 운영이나 리모델링 등을 통해 임대료를 높이면 건물 가치도 자연스럽게 상승한다. 지역의 평균 요구 임대수익률을 상회하는 임대수익을 제공할 수 있다면 매각 가능성도 높아진다. 임대 요구수익률이 낮아졌을 때 매각하는 것이 최적의 매각 타이밍으로 볼 수 있다.

수익률과 매각 금액 예측은 수지 분석의 핵심 요소이며, 이를 바탕으로 투자자는 감정이 아닌 객관적인 수치에 근거해 합리적인 결정을 내릴 수 있다. 지속적인 시장 모니터링과 기본 원리의 이해는 성공적인 부동산 투자로 이어지는 중요한 출발점이 된다.

수지 분석 플로우

수지 분석은 위와 같은 플로우 순서대로 파악을 하고 분석 결과가 긍정적이라면, 건물 매입 의사를 결정할 수 있는 중요한 단계이다.

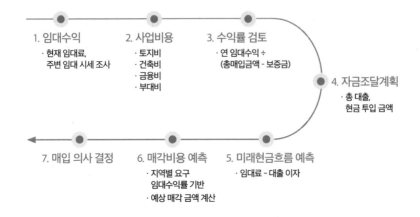

1. 임대수익
· 현재 임대료,
주변 임대 시세 조사

2. 사업비용
· 토지비
· 건축비
· 금융비
· 부대비

3. 수익률 검토
· 연 임대수익 ÷
(총매입금액 - 보증금)

4. 자금조달계획
· 총 대출,
현금 투입 금액

7. 매입 의사 결정

6. 매각비용 예측
· 지역별 요구
임대수익률 기반
· 예상 매각 금액 계산

5. 미래현금흐름 예측
· 임대료 - 대출 이자

(1) 현재 임대수익 파악과 미래 예측

건물 임대수익은 현황과 계획에 따라 다르게 산정해야 한다. 수익 분석은 투자의 기본이므로 정확한 파악이 필수이다. 현재 임차인이 만실이고 직접 운영을 안 하는 경우 현재 임대료를 그대로 사용하면 된다. 이미 시장에서 검증된 임대료이므로 현실적인 수익 예측이 가능하다.

일부 임차인이 있고 직접 운영을 하는 경우 내가 사용하는 공간에 대해서는 내가 낼 수 있는 임대료를 산정해서 계산해야 한다. 자가 사용 공간도 기회비용으로 간주하는 것이 정확한 수익 분석이다.

일부 공실이 있는 경우 주변 임대료 시세를 조사해서 바로 임차를 맞출 수 있는 현실적인 임대료를 산출해 계산한다. 이때 주의할 점은 시세보다 높게 산정하면 공실 기간이 길어질 수 있다는 것이다.

신축, 대수선, 리모델링 등 디벨롭을 하는 경우 면적과 신축의 임대료 시세를 파악해서 임대료를 산정해야 한다. 이 경우 주변의 신축 건물 임대료를 비교 대상으로 삼는 것이 중요하다.

(2) 사업비용 구성 요소 이해

부동산 투자 시 사업비용의 정확한 파악은 필수적이다. 예상치 못한 비용이 발생하면 투자 수익률이 크게 하락할 수 있다. 사업비용은 토지 매매가, 취등록세, 부동산 수수료, 기타 계약 관련 지출 등이 기본사항이다.

신축, 대수선, 리모델링를 할 경우에는 건축 비용이 추가된다. 철거비, 철거감리비, 설계비, 직접공사비, 공사감리비, 금융비(공사 기간의 이자), 각종 조사, 인입비, 보존등기비, 예비비 등 다양한 비용들이 추가된다.

(3) 수익률 검토와 향상 전략

투자 수익률은 결정의 핵심 지표다. 단순한 계산식이지만 투자의 성패를 좌우하는 중요한 요소이다. 앞서 말한 바와 같이, 수익률은 현 임대료 또는 예상 임대료를 총 매입 금액에서 보증금을 뺀 값으로 나눈 백분율의 값이다. 지역의 요구 수익률 대비 높은지를 파악해야 한다. 기존 건물의 수익률이 낮더라도, 매입 후 수익률을 올릴 수 있는 방법들을 고려해 보아야 한다. 직접 운영하면서 수익률을 올릴 수 있고, 임차인 계약 만기가 도래함에 따라 시세에 맞게 새로운 임차인과 계약을 할 수도 있다.

(4) 자금조달계획의 중요성

자금조달계획은 건물 매입의 성패를 좌우한다. 건물 매입은 대출 없이 현금으로 이루어지는 경우가 극히 드물다. 결국 대출이 매매가의 몇 %까지 가능한지가 관건이다. 예를 들어, 20억 원대 건물에 대출이 80%라면 차액인 20%, 4억 원이 필요하고, 대출 70%라면 차액인 30%, 6억 원이 필요하다. 부대비용은 약 6%인 약 1.2억 원 정도 소요된다.

계약 전에는 계약이 확정된 것이 아니기 때문에 예상 대출 한도만 확인 가능하다. 총 매입 금액에서 대출 금액과 보증금을 뺀 금액이 현금 투입 금액이다. 최종 대출 승인 시 대출 한도가 낮아질 수도 있으니, 예비비를 매매가의 5% 정도는 확보하는 것이 안전하다.

(5) 미래 현금흐름 예측

건물 매입 이후 운영에 관한 사항을 예측해 볼 수 있다.

대출 금액과 현행 금리를 기준으로 월 이자를 계산하고, 예상 임대료에서 차감해 실제 수익을 파악한다. 간단한 계산이지만 투자 성패를 가른다. 예를 들면 다음처럼 계산해 볼 수 있다.

· 건물 20억 원, 대출 16억 원(80%), 금리 4% 적용 시
· 월 이자 533만 원(16억 원 × 0.04÷12개월)
· 월 임대료 600만 원
· 월 순수익 67만 원(600만 원 – 533만 원)

금리와 임대료의 상관관계가 수익성을 좌우한다. 금리 0.5% 상승은 수익을 완전히 소멸시킬 수 있다. 금리 4.5%로 올라가면 월 이자가 600만 원으로 증가해 수익이 0원이 된다. 운영 과정에서 임대료를 점진적으로 올릴 수 있다면 장기적 수익성이 개선된다.

(6) 매각 금액 예측

매각은 단기적인 시기를 정한다기보다, 목표하는 금액을 설정하고 장사를 지속하는 것이 좋다. 부동산 가격은 일정한 패턴으로 움직이지 않는다. 시장 논리, 현금 가치, 금리 변동에 따라 결정된다. 상승 모멘텀이 형성될 때까지 보유하는 인

내심이 필요하다.

사업 운영과 병행할 수 있다면 최상의 조건이다. 자신의 사업을 하면서 건물 가치 상승을 기다릴 수 있다면 부동산 투자의 이상적 시나리오다.

수익률 기반으로 계산하면 매각 금액을 실용적으로 산정할 수 있다. 지역에 따른 임대 요구수익률을 예측해서 예상매각가를 예상할 수 있다.

예를 들어, 매매가 20억 원대 건물, 보증금 8천만 원, 월 임대료 450만 원, 수익률 2.81% 건물을 매입해서 3년간 직접 운영하다가 매각 시점에 리스백 조건으로 보증금 8천만 원, 월 임대료를 600만 원, 수익률 2.8%로 매각을 한다고 가정하면, 매각가는 26.51억 원(600만 원 × 12개월 ÷ 0.028 + 8천만 원)임을 예상할 수 있다.

매각가 26.51억 원에서 총 매입 금액 21.18억 원(매입가: 20억 원 + 부대비용: 20억 원 × 5.9%) 빼면 발생하는 매각 차익은 약 5.33억 원이다.

수지분석 예시

- 매매가 20억 원 / 근린생활시설
- 건물 세부개요(수지분석 참조)
- 대출 16억 원 / 금리 4%

- 임대 보증금 8,000만 원, 월 임대료 600만 원

- 매각 시 요구 임대수익률 2.8%

수지 분석표

구분	내용	구분	내용
주소	○○동 123-45	용도지구	제2종 일반주거
대지면적(평)	40	건폐율	58%
전체연면적(평)	104	용적률	198%
지상연면적(평)	79	건물규모	지하 1층~4층

1. 투입 금액 내역

구분	금액 (단위: 천원)	내용	비고
① 매매 금액	2,000,000	평당 5천만 원	
② 취등록세	92,000	근린생활시설	4.6%
③ 등기 수수료, 채권할인	8,000	채권매입 금액 확인	0.4%
④ 부동산 수수료	18,000	조율 가능	0.9%
⑤ 총 매입 금액	2,118,000	①+②+③+④	

⑥ 대출 금액	1,600,000	① × 80%	80%
⑦ 현금투입 금액	438,000	총 매입 금액-대출 -보증금[⑤-⑥-⑧]	

2. 임대료 및 운영수익

구분	금액	내용	비고
⑧ 보증금	80,000		
⑨ 월 임대료	6,000		
⑩ 월 이자	5,333	⑥ × 4.0%	4.0%
⑪ 월 수익금	667	⑨ - ⑩	

3. 수익률

구분	금액	내용	비고
⑫ 연 임대수익 (월세 × 12)	72,000	⑨ × 12	
⑬ 수익률	3.53%	연 임대수익 ÷ (총매입 금액 - 보증금) [⑫ ÷ (⑤ - ⑧)]	

4. 매각

구분	금액	내용	비고
⑭ 예상 매각	2,651,000	평당 6,627만 원 /요구 임대수익률 2.8%	
⑮ 매각 차익	533,000	예상 매각-총 매입 금액 (⑭ - ⑤)	세전

수억 원 아낄 수 있는 계약 필살기

건물 계약은 일반 주거용 부동산과 구조는 비슷하지만 세부적인 차이가 있다. 자영업 사장님들 중에는 주거용 부동산 거래만 경험해서 건물 계약에 막연함을 느끼는 경우가 많은데, 계약 과정을 제대로 이해하면 수억 원을 아낄 수 있는 중요한 단계이다.

계약 단계별 전략과 주의 사항

계약은 크게 계약 전 - 계약 - 잔금 전 - 잔금의 네 단계로 나눌 수 있다. 각 단계마다 꼼꼼히 확인하고 진행해야 할 사항들이 있다.

매도자의 상황을 파악해서 유리한 계약 조건을 만드는 것이 핵심이다. 협상 하나하나, 계약서 한 줄 한 줄이 모두 돈과 직결된다. 계약 과정과 각 단계에서의 의미를 잘 이해한다면,

수억 원을 아낄 수 있게 될 것이다.

계약 전	계약	잔금 전	잔금
매매가 협상	매도인 실소유 확인	중도금 납부 (해당 시)	잔금 정산서 확인 (공과금, 임대료, 관리비)
계약 일정 협의	공적장부 확인	특약사항 이행 점검	잔금 납부
특약사항 협상	특약사항 최종협의	등기법무사 선임	건물 관련 인수인계
건물 상태 및 하자 확인	건물분 부가세 확인	필요시 명의변경 (특약) (개인→법인)	중개수수료 입금
임차인 관련 확인	계약서 작성/서명	대출 한도 및 금리 승인	등기권리증 수령 (10일 소요)
명의 확정 (개인 또는 법인, 명의변경 예정)	계약금 입금		
가계약금 입금 (해당 시)	계약금 영수증 수령		
	중개수수료 협의		

계약 전 준비와 협상 전략

계약서 작성 후에는 내용을 수정하기 어렵기 때문에 사전에 예측 가능한 모든 계약 사항을 검토하고 협의를 마친 후 계약서를 작성해야 한다. 계약 관련 협상은 주로 매매가 협상, 계약 일정 협의(계약일, 중도금 일정, 잔금일), 특약사항 협상이 있으며, 건물의 불법 요소 및 하자 확인, 임차 관련 사항 확인도 중요하다.

매매가 협상의 중요성

여기서 가장 중요한 것은 매매가 협상이다. 매물 정보에 표시된 매매가는 매도자가 원하는 가격일 뿐이다. 현재 시장 상황, 매도인의 매각 의사 정도, 주변의 최근 실거래가, 건물의 상태 등에 따라 매매가 조정이 가능하다.

시장 상황을 정확히 파악하는 것이 중요하다. 매도자 우위 시장에서는 매도자보다 매수자가 많아 매매가를 내리기 어렵다. 반대로 매도자보다 매수자가 적은 상황이라면 매도자는 매매가를 낮출 수밖에 없다.

시장 상황과 별개로 매도자가 급하게 처분해야 하는 경우도 있다. 건물은 환금성이 떨어지는 부동산 자산으로, 부동산 경기 침체나 금리 상승 기간에는 거래량이 줄어든다. 이때 급하게 처분해야 하는 건물은 매매가 협상이 좀 더 수월하다.

급매의 사유는 다양하다. 현금 유동성 확보를 위한 매각, 상속이나 이혼 등 재산분할에 따른 현금화, 과도한 대출, 가압류, 체납 등으로 경매로 넘어가기 직전의 상태 등이 있다.

매도 동기 파악하기

중개사를 통해 건물이 시장에 나온 이유를 파악하는 것이 중요하다. 단순히 시세를 알아보기 위해 내놓는 경우도 있고, 급한 상황으로 내놓는 경우도 있다. 상황에 맞게 중개사와 매매가 조정을 위한 협상안을 만들어야 한다.

건물 매매가를 낮춰야 한다면, 무작정 깎아달라고 하는

것보다 깎아야 하는 사유를 설득력 있게 설명하는 것이 중요하다. 예를 들어 건물의 감정평가액이 매매가 대비 낮아서 대출한도가 적게 나온다는 점을 들 수 있다. 이는 시세보다 비싸게 책정되었음을 의미한다. 또한 건물에 근생 용도 외에 주택이 있어 매입 시 취등록세가 높게 나온다는 점도 설득력 있는 사유다.

협상 시 중요한 점은 건물 자체를 깎아내리거나 안 좋은 건물이라는 인식을 주면 안 된다는 것이다. 중개사를 통해 사유를 전달하게 하고, 최대한 정중하게 의사 표현을 해달라고 요청해야 한다. 건물은 매도자에게 자식과도 같아서, 자식을 비난하는 사람을 좋아할 리 없다.

이후 나올 5장에서 건물매매가를 조정한 사례들이 많이 나온다. 케이스별로 다양하므로 매입 사례를 참고하면 이해가 더 빠를 것이다.

계약 일정과 자금 지급 협의

계약 일정과 자금 지급 방식은 매도자와 매수자 간 충돌이 발생할 수 있는 영역이다. 본계약에 앞서 계약 일정(계약일, 중도금일, 잔금일)과 자금 지급 금액(계약금, 중도금, 잔금)을 사전에 정하는 것이 중요하다.

매도자는 일반적으로 잔금을 빨리 받거나, 중도금을 많이 받고 싶어 하는 경향이 있다. 반면 매수자는 잔금 시기를 최대한 미루거나, 중도금을 적게 내거나 아예 내지 않기를 원하는 경향이 있다. 이러한 상충되는 요구 사항을 조율하는 과정이 계약 협상의 핵심이다.

계약 일정은 (가계약금) - 계약금 - (중도금) - 잔금 순으로 진행되며, 각 일정에 정해진 대금을 지급한다. 괄호 안의 항목은 상황에 따라 생략 가능한 일정이다. 가계약금은 표현을 하는 사전 계약금(예약금)의 개념과 동시에 매도인의 매물을 잠시 묶어두는 효과를 가진다. 모든 계약이 가계약으로 시작되는 것은 아니며, 이러한 조건이 필요할 경우에만 가계약을 진행한다.

가계약 후에는 보통 1주일 이내에 본계약을 진행하게 된다. 매도자의 성향에 따라 가계약 없이 바로 본계약을 진행하는 경우도 많다.

계약금은 매매가의 10%를 기본으로 하며, 가계약금이 있는 경우 10% 내에서 금액을 정한다. 계약금은 계약의 성립을 증명하는 중요한 요소로, 계약 파기 시 귀책 사유가 있는 당사자가 포기하거나 배상해야 하는 금액이다.

중도금은 매도자 또는 매수자의 요청에 따라 설정될 수 있다. 중도금을 지급하면 사실상 계약의 해지가 매우 어려워진다. 계약 해지 시 귀책 당사자는 계약금만 포기하는 것이 아니라 손해배상 책임까지 질 수 있기 때문이다.

계약 파기 없이 매입을 원하는 매수자는 중도금을 최소화하려 하고, 중도금이 필요하지 않은 매도자는 받지 않으려는 경향이 있다.

매도자가 불가피하게 중도금을 요청하는 경우도 있는데, 잔금 전 명도 조건으로 임차인 전세금이나 보증금을 돌려줘야 하는 경우나 매도자가 건물에 거주하고 있어 잔금 전에 새로운 거주지를 계약하거나 입주해야 하는 경우가 그렇다.

매수자는 대출을 70~80% 활용하는 경우가 많아 자기 자금이 20~30%인 경우가 많다. 계약금 10%에 중도금이 20% 이상 요구된다면 매입 자체가 어려워질 수 있다. 이런 경우에는 중도금 비율을 협의해야 한다.

중도금 비율이 높은 매물은 거래가 되기 어렵기 때문에, 매매가 조정이 상대적으로 쉬울 수 있다는 점을 협상에 활용할 수 있다.

잔금일에는 가계약금, 계약금, 중도금을 제외한 잔금 금액을 지급한다. 대부분 잔금일에 대출이 실행되어 매도자에게 바로 입금이 되는 형태로 진행된다.

잔금 지급은 소유권 이전의 마지막 단계로, 이때 모든 법적 권리가 매수자에게 넘어가게 된다. 따라서 잔금 지급 전에 모든 계약 조건이 이행되었는지 꼼꼼히 확인하는 것이 중요하다. 지급하는 금액을 정리하면 다음과 같다.

구분	가계약금		계약금	중도금	잔금
지급률	10%			해당 없음 or 10~30%	60~90%
	해당 없음 or 계약금의 10~20%	계약금의 80~90%			

예를 들어 매매가 20억 원인 경우 다음과 같이 진행될 수 있다.[■]

구분	가계약금		계약금	중도금	잔금
일정	2025.6.5		2025.6.10	2025.7.10	2025.10.30
지급률	10%			10%	80%
	계약금의 20%	계약금의 80%			
지급액	40,000,000		160,000,000	200,000,000	1,600,00,000

특약사항 협상의 전략

특약사항은 다양한 요인을 통해 진행할 수 있는 협상이다. 중요도에 따라 협상 시점을 구분하라. 명도 조건, 용도변경 조건, 건축인허가 조건 등 다양한 조건들에 대해 사전 협

[■] 지급률과 지급 시기, 중도금 여부는 협의에 따라 정해진다.

의가 필요하다. 꼭 필요한 핵심 조건은 계약 전에 정하고, 중
요도가 낮거나 세부적인 조건들은 계약 당일에 조율하는 것
이 좋다.

모든 것을 한 번에 결정하려 하지 마라. 계약 전에 모든
특약을 정하려고 하면 조율할 항목들이 늘어나 의견 합치
가 어려워진다. 특약 관련해서는 별도로 다루는 것이 효과적
이다.

건물 상태 점검 - 숨겨진 문제 찾기

하자 확인은 선제적으로 하라. 건물의 위반건축물 여부
및 내외부 누수, 구조적 하자가 있는지 사전에 확인해야 한
다. 문제가 발견되면 잔금 지급 전에 매도자가 해당 사항들을
해결하도록 계약서에 명시해야 한다.

임차인 확인 - 보이지 않는 책임

실제 임대차 계약서를 직접 확인하라. 임차인의 계약서
(최초 계약일과 만기일, 보증금, 월세, 관리비)를 반드시 확인해야
한다. 잘못 기재되어 있을 수도 있다. 이게 함정이다. 매도인
의 구두 설명만 믿다 가는 큰 낭패를 볼 수 있다.

임대차보호법 10년 보장 여부를 체크하라. 건물을 직접
사용할 목적이라면 임대차보호법 10년 보장 여부를 파악하

기 위해 최초 계약일과 만기일을 확인해야 하고, 명도 가능 여부도 점검해야 한다.

계약 명의 변경 여부를 확인하라. 같은 임차인이 사용하고 있어도 임대차 계약의 명의를 중간에 바꾼 경우가 있다. 매도인은 이런 부분을 정확히 인지하지 못할 수도 있어 임대차 계약서로 확인하는 것이 가장 정확하다.

명의 확정 - 미래를 생각한 결정

계약 전 명의를 확정하라. 계약서 작성 시 매수자의 명의를 미리 정해야 한다. 개인 소유로 할 것인지, 법인 소유로 할 것인지 결정해야 계약서를 작성할 수 있다.

법인 설립 전이라도 대비책이 있다. 신규 법인으로 계약할 예정이었으나 계약일 기준 법인 설립이 어려운 경우, 개인 명의로 계약서를 작성하고 특약으로 잔금 전에 개인에서 법인으로 명의를 변경할 수 있는 조건을 넣을 수 있다.

법인 설립에는 약 1~2주가 소요된다. 건물 매입을 위해 사전부터 법인을 설립하고 운영비를 지출할 필요는 없다.

가계약금의 의미와 전략(해당 시)

가계약금은 주로 매도자와 대면하기 전에 진행된다. 중개사가 사전 협의된 내용을 양측에 각각 문자메시지로 발송하고 합의 내용을 확인한 후 가계약금을 입금한다.

법적 성립을 조건으로 계약 내용을 확인하고 가계약금을 입금한 경우, 매도자가 계약 의사를 철회하면 배액배상[*]을 해야 한다. 반대로 매수자가 계약 의사를 철회하면 지급한 가계약금은 돌려받지 못한다.

가계약금은 보통 계약금의 10~20% 정도로 책정하고 나머지 금액은 계약일에 지급한다. 매입 의사가 강하거나 매매 조건이 좋다면 가계약금을 계약금의 50% 정도로 높게 책정하는 것이 유리하다. 가계약금이 높으면 매도자가 쉽게 계약을 파기 어렵지만, 가계약금이 낮은 경우 매도자에게 더 좋은 조건의 매수 제안이 들어오면 계약이 파기될 가능성이 높다.

계약의 중요성

계약일에 매매계약서를 작성하고 계약금을 지급하면 계약이 체결된다. 등기는 아직 내 명의가 아니지만, 이날부터 건물주의 자격을 얻게 된다. 그동안의 노력이 결실을 맺는 순간이다.

계약일에는 사전 협의했던 내용대로 계약서가 작성되었는지 꼼꼼히 확인해야 한다. 세부적인 특약사항들을 최종 조

---

[*] 배액배상(倍額賠償)은 계약을 위반한 당사자가 상대방에게 지급받은 금액의 두 배를 배상하는 것을 의미한다.

율한 후 계약서에 서명하게 된다.

실소유주 확인

건물의 실소유주를 반드시 확인해야 한다. 등기사항전부
증명서(건물, 토지), 건축물대장, 토지대장 등의 공적장부 소유
주와 계약 당사자가 동일 인물인지도 확인이 필요하다.

계약 당일 날짜의 소유자 정보가 중요하다. 실소유주가
아닌 건물 대리인(가족, 지인, 관리인)이 계약을 주도하는 경우,
실소유주의 매각 의사 없이 진행되면 계약이 무효가 될 수
있다. 이는 중개사를 통해 명확히 확인해야 한다.

소유주가 치매 등으로 의사 표현이 불분명한 경우에는 영
상이나 통화 음성 녹음을 확보해 두는 것이 좋다.

특약사항 협상 - 마지막 고비

계약 당일에 특약사항 합의가 안 되어 계약이 파기되는
경우가 생각보다 많다. 사전에 협의했던 주요 특약사항도 계
약일에 조건이 바뀌는 경우가 있다. 명도 조건으로 계약을 잡
았는데 당일에 명도가 어렵다거나, 추가 비용을 요구하거나,
잔금 지급 시기를 연기해달라는 요청이 나올 수 있다.

이와 같은 경우 세부 조건에서 이견이 생길 수 있다. 예를
들어, 방수 공사 조건에 합의했으나 옥상 방수만 할지, 벽면

방수까지 할지에 대한 세부 사항으로 합의가 안 될 수 있다.

이때는 협상의 기술을 잘 발휘해야 한다. 협상은 한 개를 주면 한 개를 받아올 수 있는 것이다. 매도자가 특약사항 하나의 조건을 바꿨다면, 다른 특약을 조정하거나 매매가를 조정하면서 합의점을 찾을 수 있다.

감정에 휘둘리지 마라. 계약서 작성 중 감정적으로 자리를 박차고 나가는 경우가 종종 있다. 정말 매입을 원한다면, 사소한 줄다리기보다는 합의를 위한 다양한 대안을 제시하는 것이 중요하다.

건물분 부가세의 중요성

건물의 매매가는 토지 가격과 건물 가격을 합친 금액을 말한다. 여기서 중요한 차이점이 있다. 토지는 부가세 면세 항목이지만, 건물은 부가세가 발생한다.

예를 들어 건물주가 일반과세자이고, 건물 매매가 20억 원 토지 금액 18억 원 건물 금액 2억 원이라면, 건물에 대해 10%의 부가세가 발생해 2천만 원의 추가 비용이 발생한다.

부가세를 내지 않는 경우도 있다. 건물분 부가세를 내지 않는 경우는 크게 두 가지다. 첫째, 건물주가 면세사업자(주택, 비영리단체 등)인 경우와 둘째, 매수자와 매도자가 임대사업자로 부가세 포괄양수도로 기존 임대사업을 승계하는 경우다.

포괄양수도 계약은 특약에 명시해야 한다. 임대사업 포괄양수가 가능한 경우, 계약서 작성 시 특약사항에 '임대사업 포괄양수도 계약'임을 명시하면 매수자는 부가세 지급을 하지 않아도 된다.

포괄양수도 조건으로 계약을 진행하고 매수자 명의로 건물을 직접 사용하게 되면 건물분 부가세 10%를 추징당할 수 있다. 직접 사용의 개념은 명의가 같은 경우를 말한다.

다음으로는 안분 비율 조정으로 부가세를 줄일 수 있다. 건물 매매가에서 토지 금액과 건물 금액은 각각 토지의 공시지가, 건물의 기준시가를 기준으로 안분하게 된다. 한도 내에서 건물 금액을 낮추면 그만큼 부가세는 낮아진다. 안분 비율 계산은 중개법인이나 세무사사무소에 의뢰 가능하다. 이는 전문성이 필요한 영역이므로 전문가의 도움을 받는 것이 안전하다.

계약서 작성과 계약 체결

모든 일정, 지급 비율, 특약사항이 최종적으로 합의되면 해당 내용으로 계약서를 작성한다. 최종 계약서를 마지막으로 검토한 후 매도자, 매수자, 공인중개사 3명이 도장을 날인한다.

계약서에 서명한 후 계약금을 입금하면 계약의 효력이 발생한다. 당연한 일이지만, 계약금을 지급하고 계약금 영수증을 꼭 수령해야 한다.

계좌 이체 한도는 꼭 미리 확인해야 한다. 계좌의 이체 일일 한도가 낮아서 계약금 이체를 당일에 못하는 경우도 있으니 사전에 이체 한도를 증액해야 한다. 이런 사소한 준비가 계약 진행을 원활하게 한다.

중개수수료 협의

건물(주택, 오피스텔 외 토지, 상가 등)의 매매 중개수수료 상한요율은 거래금액(매매가)의 1,000분의 9(0.9%)이다. 20억 건물이라면 중개수수료의 상한요율은 1,800만 원이다. 수수료 협상은 가능하다. 0.9%는 상한요율로 공인중개사와 매수자 간에 수수료 요율 협의가 필요하다. 시장 상황과 거래 조건에 따라 협상의 여지가 있다.

법정 수수료율 초과는 위법이니 참고하길 바란다. 법정 수수료율을 초과해서 요구한 경우 공인중개사법 제33조(금지 행위) 제3항에 의거 500만 원 이하의 과태료가 부과된다.

중개수수료의 지급 시기는 별도 협의가 없었다면 잔금일에 지급하면 된다. 필요시 별도 협의를 통해 조정 가능하다.

계약 시점에 중개수수료를 일차적으로 조율하고, 잔금 시점에 최종 중개수수료를 확정하면 된다. 이는 거래 과정에서 발생할 수 있는 여러 상황을 고려한 유연한 접근법이다.

중개사의 역할에 따라 수수료를 조정할 수 있다. 공인중개사가 매매가 및 특약 조율을 잘해줬다면 처음 약속한 수수료를 지급하는 것이 합당하다. 그러나 공인중개사의 소통 오류 및 실수로 계약사항에 문제가 발생했다면 잔금 시 수수료를 조정할 수도 있다.

잔금 전

특약사항 이행 점검 - 잔금의 핵심 전제

특약사항 이행은 필수 확인사항이다. 계약서에 합의한 특약사항에 대해 잔금 전에 이행이 되었는지 반드시 확인해야 한다. 특약사항이 이행되지 않으면 대출이 실행되지 않을 수 있다.

은행은 계약서의 특약조건을 근거로 대출 한도를 설정한다. 잔금일에 대출을 실행시키는데, 주택에서 근생으로의 용도변경, 명의변경, 불법건축물 해소 등 대출에 직접 관련된 특약조건들이 이행되지 않으면 대출이 나오지 않을 수 있다.

등기법무사 선임 - 절차의 최종 단계

잔금일 전에 법무사를 선임해야 한다. 대출이 있는 경우 주로 은행에서 배정한 법무사가 행정업무를 처리해 준다.

법무사는 잔금일에 소유권 등기 이전, 취등록세 산출 및 납부, 대출 시 근저당 설정 등기 등의 업무를 진행한다. 법무사가 배정되었다면 사전에 예상 취등록세를 문의해 보는 것이 좋다.

비용 절감을 위한 대안도 있다. 취등록세 산출 및 소유권 등기 업무만 별도의 법무사를 선임할 수도 있다. 이 경우 은행 배정 법무사는 근저당 설정 등기 업무만 맡게 되고, 그 비용은 은행에서 부담한다. 참고로 법무사 견적 모바일앱인 법무통을 활용해서 가격 비교를 할 수 있다.

대출 한도 및 금리 승인 - 마지막 관문

충분한 시간을 두고 준비하라. 잔금 1~2주 전에 최종 대출한도 및 금리를 확정해야 한다. 적어도 잔금 1달 전에는 은행과 연락해 대출 관련 서류를 제출해야 한다. 은행에서 자료를 받아 최종 심사 결과가 나오는 데 1~2주 정도 소요되니 이를 감안하자.

잔금

잔금정산서로 필요 자금을 미리 파악하라. 잔금일 전에 공인중개사에게 잔금정산서를 요청해 잔금일에 필요한 자금을 사전에 검토하고 현금을 준비하는 것이 좋다. 잔금 당일에는 금액이 약간 달라질 수 있어 최종 확인 후 지급해야 한다.

잔금정산서에는 건물의 잔금뿐만 아니라 건물의 공과금, 임차료, 관리비 등을 잔금일 기준으로 정산하는 내용이 포함된다.

임차료 연체는 미리 협의하라. 임차료가 연체된 임차인이 있는 경우, 그동안 받지 못한 임차료에 대해 매도자와 매수자가 조율해야 한다. 앞으로도 연체할 확률이 높기 때문에 잔금 전까지 못 받은 임차료는 매도자의 손실로 정산하는 것이 현실적이다.

잔금 납부 - 최종 단계

계약서상의 모든 조건이 이행되었는지 확인하고 잔금 정산서 협의까지 마쳤다면 계약금, 중도금을 제외한 잔금을 매도자에게 지급한다.

부가세 처리에 주의하라. 건물분 부가세가 발생한 경우, 매수자는 매도자에게 부가세를 별도로 입금해야 한다. 매도자는 건물 금액과 부가세에 대한 세금계산서를 발급해야 하며, 이후 매도자는 부가세를 납부하고 매수자는 신고 시 환급받게 된다. 참고로 매수자는 조기 환급 신청을 하면 2~3개월 안에 부가세를 환급 받을 수 있다. 잔금 시 매수자는 건물 매매가와 부가세를 함께 준비해야 한다.

건물 관련 인수인계 - 꼼꼼한 확인 필수

잔금 후에는 매도자와 연락이 원활하지 않기 때문에 건물에 관한 사항들을 최대한 인수인계 받아야 한다.

건물 시건장치, 에어컨 리모컨, 임대차 계약서(원본) 등을 승계 받아야 한다. 건물 관련 업체인 보안업체, 보험업체, 엘리베이터 유지보수업체 등의 연락처를 받아놓는 것이 좋다.

건물의 도면도 받아두는 편이 좋다. 오래된 건물은 도면이 없는 경우가 많지만, 신축 건물이나 최근 대수선을 한 건물들은 도면을 받을 수 있다. 매도자도 도면에 대해 모를 경우에는 구청에 건축도면을 신청해서 받을 수도 있다. 건물에 하자가 발생해 수선을 해야 하거나 추가로 리모델링을 할 경우에도 도면이 필요하다.

마무리 단계

중개수수료는 성과에 따라 조정 가능하다. 계약 당시 조율한 중개수수료를 지급하면 된다. 다만, 잔금 전까지 공인중개사의 역할을 감안하여 잔금 때에 중개수수료를 조정할 수도 있다. 중개수수료에는 부가세가 별도로 부과된다.

마지막으로 등기권리증으로 소유권을 확인해야 한다. 등기권리증은 법무사가 소유권등기 이전을 신청하고 발급받아 등기우편으로 보내주며, 잔금 후 약 10일 정도가 소요된다.

등기상에 소유권 이전이 완료되고 등기권리증까지 받았다면, 완벽하게 건물주가 된 것이다.

참고할 만한 특약

건물 매입 시 자주 사용하는 계약서상의 특약 내용을 따로 정리를 했다. 여기서 적은 특약의 문구는 견본으로 활용이 가능하며, 건물의 특성 및 매도인의 성향에 따라서 부동산중개사와 협의하여 수정해서 사용해야 한다.

1) 잔금 전 명의 변경(개인 명의 → 법인 명의)

> 매수자는 잔금일 전까지 매수자의 명의를 변경할 수 있으며, 명의 변경 요청 시 매도인은 즉시 변경하여 주기로 한다. 명의 변경 관련해서 새로운 계약서를 작성할 경우, 명의만 변경하고 그 외의 계약사항은 그대로 승계한다.

계약 시점에 법인 설립이 어려운 경우, 개인 명의로 계약을 진행하고 잔금 전에 명의를 변경한다는 내용의 특약이다. 이때 핵심은 매도인이 명의 변경 요청 시 즉시 변경해 주어야 한다는 점이다.

2) 매도자 책임 명도

> 매도자는 잔금일 1달 전(또는 지정일)까지 모든 임차인을
> 책임 명도 한다.

매도자가 책임을 지고 임차인들을 명도해주는 조건의 특
약이다. 조항 작성 시 명도일정(기한)을 확정지어야 한다.

3) 잔금 전 용도변경

> 매수자의 요청으로 인하여 매도자는 건축물대장상 현재
> 주택으로 되어있는 지상 1~3층 용도를 잔금 전 근린생활
> 시설로 용도변경하는 데 동의하고, 이에 용도변경과 관련
> 된 모든 행정 제반 내용을 매도자는 협조하고, 이와 관련
> 된 절차 및 비용은 매수자가 부담한다.

법인 명의로 건물을 매입할 경우, 주택 매입 시 취등록
세가 중과된다. 근생은 4.6%이지만, 주택은 면적에 따라서
12.4~13.4%로 약 8%를 더 내야 한다. 주택을 리모델링해서
근생으로 사용하는 목적이라면, 주택을 잔금 전 근생으로 용
도변경하는 조건이 매수자에게 유리하다.

4) 위반건축물/위반용도 해소

> 매도자는 잔금일 1달 전(또는 지정일)까지 건축물대장상에 등재되어 있는 불법 건축물을 해소하며, 이와 관련된 절차 및 비용은 매도자가 부담한다.

위반건축물이 있는 경우, 대출 승인이 안 나올 수 있고 강제이행금을 매년 납부해야 될 수도 있다. 잔금 전에 위반 요소는 해소하는 게 유리하다. 매도자가 설치한 위반 건축물로 해소 비용도 매도자가 부담하는 조건이 합당하다.

5) 잔금 일정 조율

> 매도자와 매수자는 상호 협의하에 잔금 지급 날짜를 앞당길 수 있다.

명도 조건이 있거나 잔금일이 불분명해서 길게 잡아놓는 경우에는 상호 협의하에 잔금일을 당길 수 있는 조항을 넣어서 소유권 이전을 당길 수 있다. 합의에 의해 당길 수 있는 조항이어서 계약 시에 기본적으로 많이 넣는다.

건물의 가치를 올려서 엑싯하는 방법

건물 가치 향상의 핵심 요소

건물 가치 상승의 3대 요인은 임대료 상승, 트래픽 증가, 건물 시설 개선이다. 건물 매입 시 이 세 가지 요인을 분석하면 미래 가치 상승을 예측해 볼 수 있다. 자영업자의 성공이 건물 가치를 높인다. 장사 잘하는 자영업자가 건물을 매입하고 그 건물에서 성공적으로 영업하면 트래픽이 향상되고 매출이 오르면서 건물의 가치는 자연스럽게 상승한다.

트래픽 증가는 상권 형성의 시작이다. 트래픽이 늘어나면 인근에 장사 잘하는 사장님들이 속속 입점하게 되고, 동네가 활기를 띠게 된다. 연남동, 성수동, 익선동, 을지로, 신당동 등 서울 도심의 핫플레이스들은 불과 10년 전만 해도 평범한 주택가, 공장가, 인쇄소, 시장 골목이었다.

10년간 가치가 10배 상승한 사례를 살펴보자. 성수동 연무장길의 한 상가는 2014년 2월, 8억에 매입되어, 10년이 지난 2024년 3월에 80억에 매각된 사례가 있다. 건물의 면적이 늘어나거나 구조가 크게 변하지 않았음에도 불구하고 가치가 10배 상승했다.

산업 구조의 변화가 가치를 높였다. 가죽, 자동차 공장이 즐비했던 거리에 맛집들이 하나둘씩 들어서면서 토지 평당 2,100만 원이 평당 2.1억 원으로 상승했다.

건물주가 10년간 한 일은 2014년에 건물을 매입한 것뿐이다. 자영업 사장님들이 세입자로 들어와 좋은 콘텐츠로 트래픽을 올려 상권을 형성한 것이 가치 상승의 핵심 요인이었다.

성수동 연무장길 상가의 변화(출처: 네이버 지도)

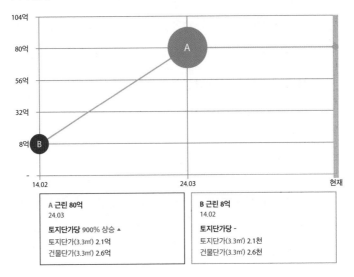

성수동 토지단가 10배 상승(출처: 밸류맵)

과거 거래내역

A 근린 80억	B 근린 8억
24.03	14.02
토지단가당 900% 상승 ▲	**토지단가당 -**
토지단가(3.3㎡) 2.1억	토지단가(3.3㎡) 2.1천
건물단가(3.3㎡) 2.6억	건물단가(3.3㎡) 2.6천

임대료 상승의 놀라운 효과

임대료는 건물 가치에 직결된다. 임대료 상승은 건물 가치에 즉각적인 영향을 준다. 해당 지역의 요구 임대수익률 이상의 수익률로 세팅이 가능하다면, 그만큼 건물의 가치가 상승하는 것이다.

월세가 오르면 건물 가치는 그 이상 올라간다. 수익률 3%로 가정했을 때, 2억 원의 3% 수익에 해당하는 월 이자는 50만 원이다. 다시 말하면, 월세를 50만 원씩 올릴 때마다 건물의 가치는 2억 원씩 오르는 셈이다.

임대료 상승의 레버리지 효과는 강력하다. 월세 400만 원, 수익률 3%의 건물의 가치는 16억 원이다. 월세를 600만 원으로 올릴 경우, 건물의 가치는 24억 원이 된다. 월세 200만 원의 가치는 건물 가치로 환산하면 8억 원이 되는 것이다.

장사를 잘하는 사장님들은 현재 내고 있는 월세에서 100~200만 원을 더 내는 것은 부담이 크지 않다.

리스백의 개념과 활용

리스백은 건물주에서 임차인으로의 전환이다. 건물을 매각한 이후에도 건물주가 임차인으로 남아 임대료를 내고 장사를 계속하는 방식을 리스백이라고 한다.

예를 들어 15억 원에 매입한 건물을 3년 후 수익률 3%에 맞춰 20억 원에 매각했다고 가정해 보자. 20억 원에 매각한 자영업 사장님이 퇴거하지 않고 임차인으로 그대로 남아 월세 500만 원(20억 건물의 수익률 3% 월세)을 지정한 기간 동안 보장해 주는 것이다.

리스백은 둘 다에게 이득을 준다. 자영업 사장님은 3년간 5억 원의 시세차익을 얻고, 기존의 건물주에서 임차인이 되는 것이다. 대신 약속한 기간 동안 월세 조건을 맞춰줘야 한다. 매수자 입장에서도 장사 잘하는 사장님이 몇 년간 3%의 수익률을 보장해준다면 안전하게 건물을 운영할 수 있다.

진정성 확인이 중요하다. 리스백 자체는 양측이 상생할 수 있는 좋은 거래 방식이지만, 악용하는 사례가 있으니 각별히 주의해야 한다. 리스백 조건으로 계약했으나, 임차 기간을 지키지 않고 임대차 계약을 급히 종료하는 경우가 있다. 실제 영업 상황과 임차인의 신원을 확인하는 것이 필요하다.

임차 재구성 및 상한 5% 이내 조정

매입한 건물에 임차인이 있다면, 임차인의 계약 만기일(또는 상가건물 임대차보호법 10년 보장)이 도래하는 시점에 현재 시세에 맞게 임차를 새롭게 구성해야 한다.

기존 임차인과는 좋은 협력 관계를 만들어야 한다. 기존 임차인에게 현 시세대로 임대료를 맞춰준다면 가장 이상적이다. 상가건물 임대차보호법에 따라 매년 상한 5% 이내에서 임대료를 올릴 수 있다(상가건물 임대차보호법에 적용되는 환산보증금 기준 이하에 해당).

또한 복리 효과를 이해해야 한다. 매년 임대료를 올리는 경우 복리로 인해 실제 상승률은 더 커진다. 이는 현재 월세가 시세 대비 매우 낮거나, 핫플레이스로 트래픽이 급증하는 지역에서 특히 효과적으로 적용할 수 있다. 임대료 조정 시 임차인의 상황도 함께 고려해 상호 협의를 통해 결정하는 것이 장기적으로 건물 가치를 유지하는 데 도움이 된다.

임차인과 조율을 해야 하는데, 누구나 들어오고 싶은 자리의 건물이라면 매년 5%의 인상 조건은 임차인도 받아들일 것이다. 반대로 주변에 공실이 많은 지역의 건물이라면 임차인과 임대료 협의를 잘해야 한다. 임대료 압박으로 임차인이 나가버리면 공실이 될 수도 있다.

건물의 활용과 콘텐츠 확장 전략

엘리베이터가 없는 지상 3층 이상, 지하층 등은 통상적으로 임대료를 잘 받기 어렵다. 이런 공간들을 자신만의 콘텐츠로 채워 건물의 가치를 올릴 수 있다.

효과적인 방식 중 하나는 건물 매입 시에는 1층만 직영으로 사용하다가 다른 층의 임대 기간이 만료되면 직접 사용하는 것이다. 확장으로 인한 매출 증가를 계산해 보면 방법이 보일 것이다. 곧 소개하겠지만 한 족발집 사장님의 경우에는 지하 1층을 전체 홀로 만들면 60석 이상 세팅이 가능하고 단체석으로 활용하면 월 매출이 최소 2천만 원 증가할 것이라고 예상한 적이 있었다. 2층도 만기가 되면 술집을 운영할 계획을 세우기도 했다.

다양한 콘텐츠로 시너지를 만들 수도 있다. 콘텐츠가 다양한 자영업 사장님들은 건물을 활용해 매출도 높이고 건물 가치도 높이는데 최적화되어 있다. 수익률이 좋은 공간사업

(숙박업, 공유오피스, 독서실 등)을 직영으로 운영하는 방법도 좋다. 공간을 나눌수록, 임대료는 상승한다,

건물의 시설 개선으로 가치 향상

용도변경도 건물 가치를 높일 수 있다. 건물의 시설 개선으로는 주택을 근린생활시설로 용도변경, 리모델링 공사, 신축공사를 들 수 있다. 금액이 상대적으로 낮은 주택을 매입해 상가로 용도를 변경해 직접 사용하는 방식이 있다.

용도변경과 리모델링을 결합하는 것도 좋다. 보통 용도변경을 하고 리모델링 공사를 함께 진행하는 경우가 많다.

대표적인 사례로 광주 라라브레드 건물이 있다. 기존의 주택 2개 동을 매입해 용도변경을 하고 리모델링을 통해 베이커리 카페로 공사한 후 직접 운영한 사례다. KTX 송정역에서 도보 5분 거리의 단독 주택 지역으로, 주변에 상점이 거의 없었던 곳이었으나 라라브레드가 입점하면서 동네의 분위기가 밝아졌다.

이후에는 3년간의 운영과 가치 상승이 핵심이었다. 브런치 카페를 성공적으로 운영하며 매출과 트래픽을 끌어올렸다. 시설 개선과 콘텐츠를 통해 부동산 가치를 높였고, 이는 장사 잘하는 사장님이라면 꼭 해보길 권하는 방식이다.

동네 분위기를 바꾼 라라브레드(출처: 네이버 지도)

내 건물 잘 포장하기

건물 포장의 중요성은 아무리 강조해도 지나치지 않다. 상품과 마찬가지로 건물도 어떻게 포장하느냐에 따라 가치가 달라진다. 대부분의 부동산 중개는 건물 스펙, 수익률, 주변 호재 정도만 소개하는 경우가 많다. 중개사에게 내 건물의 장점을 자세히 설명하고 광고 소재로 활용할 수 있게 하는 것이 중요하다.

잠재 매수자 분석이 매각 성공의 열쇠다. 내 주얼리 사업을 운영했던 건물을 매각할 때는 어떤 매수자가 해당 건물을 선호할지 고민했다. 30대 스타트업 대표가 사옥으로 사용하기에 적합하다고 판단했다.

사옥으로서의 강점 부각이 전략이었다. 사옥은 건물 자체의 퀄리티뿐만 아니라 직원들의 출퇴근 만족도가 중요하다. 합정역 더블역세권으로 도보 4분 이내 거리이며, 경기도 광역버스 노선이 많았다. 한 정거장만 가면 홍대역 트리플역세권이 있고, 미슐랭 맛집과 홍대 상권에 접해 있어 젊은 직원들이 선호할 만한 요소가 많았다.

맞춤형 업종 제안으로 구체적인 그림을 제시했다. 디자인 사무실, 스타트업 사무실, 출판사, 웹툰사무실 용도로 추천한다는 내용을 명시했다. 또한 신축 시 수지 분석과 가설계안을 제시하여 투자자들에게 미래 가치를 보여주었다.

유연한 계약 조건이 매력을 더했다. 리스백 조건도 가능하고, 사옥으로 바로 사용하고 싶은 경우 빠른 퇴거도 약속할 수 있었다. 이런 명도 조건은 사옥을 찾는 기업들에게 큰 매력 요소가 된다.

내 건물을 매입할 대상을 명확히 정하고 그에 맞는 장점들을 잘 포장하는 것이 엑싯에서 매우 중요한 포인트다.

시장 흐름에 따른 매각 시점 선택

매각 시점을 선택한다면 시장 상황을 면밀히 살펴야 한다. 임대 수준을 올려 건물 가치를 높였더라도 건물 시장이 불황일 때는 원하는 가격에 매각하기 어려울 수 있다. 부동산은 거시적으로 우상향하지만, 미시적으로는 상승과 하락을 반복한다. 그래서 매각 시점 선택이 매우 중요하다.

유리한 매각 시점을 찾는 것이 핵심이다. 금리가 안정되고 유동성이 증가하며 매수세가 늘어나는 시점을 매각 시점으로 잡는 것이 좋다. 상권이 계속 확장하고 호재가 충분한 입지라면 매각을 보류하고 더 보유했다가 매각 시점을 잡는 전략도 고려할 만하다.

시장 상황이 좋지 않아 매수세가 거의 없는데 자금난으로 건물을 급하게 내놓아야 한다면 매매가를 크게 낮춰야 할 수도 있다.

건물도 물물교환의 개념으로 생각하면 이해가 쉽다. 시장 흐름에 따라 매각 시점을 잡을 수 있지만, 건물 시장이 안 좋을 때 급급매 물건을 구입할 기회가 온다면 내 건물을 싸게 매각하더라도 급급매 건물을 매입하는 게 더 유리할 수 있다.

예를 들어, 내 건물을 20억 원에 매입해서 25억 원에 내놓았는데 급급매 건물이 35억 원에서 25억 원까지 떨어졌다면, 내 건물을 23억 원에 매각하고 급급매 건물을 25억 원에 매입하는 게 더 유리할 수 있다. 내 건물은 2억 원 낮게 팔았지만, 매입한 건물은 10억 원 낮게 구입할 수 있는 기회가 되기 때문이다.

내 건물을 비싸게 매각하는 것도 좋지만, 좋은 물건을 싸게 매입하는 것도 그만큼 의미가 있다. 중요한 건, 건물을 매입했더라도 계속해서 시장에 나오는 건물 매물들을 살펴보는 것이다.

건물 가치를 높이고 매각하기 가장 좋은 시점에 엑싯을 하거나, 급급매 건물을 매입하면서 동시에 내 건물을 매각하는 것도 좋은 전략이 될 수 있다.

5장.

건물주가
된
사장님들

성취와 보람, 그리고
건물의 가치를 알게 해준 서교동 건물

• 출처: 국토교통부

1. 건물 매입 배경

사업 성장에서 부동산 투자로의 전환

지속적인 저축 습관이 새로운 기회를 열었다. 마포 재건축 매입 후에도 매월 1,000만 원 이상 저축을 꾸준히 했다. 현금흐름이 좋아 주거는 월세로 유지하면서 초절약, 초저축으로 다시 목돈을 만들어가고 있었다.

회사 매출이 오르면서 사업자 법인 전환과 벤처기업 인증을 준비하던 중, 우연히 벤처기업의 부동산 세제 혜택을 알게됐고 건물 관련 공부를 시작했다.

투자 전략 수립

사업자 대출도 3억 원 정도 받아 직원을 채용하고 판매 채널도 늘리면서 사업을 확장하고 매출을 급격히 올리고 있었다. 매출이 계속해서 상승하여 이익 잉여금이 빠르게 축적되어 법인 잔고는 2~3억 원 정도를 유지하고 있었다.

1년간 저축해서 모은 개인 자금 1억 원과 법인 자금을 최대한 활용하기로 했다. 매매가 20억 원 이하의 건물을 개인으로 매입하고 법인이 임차인으로 들어와 보증금을 최대한 많이 내고 월세를 낮추는 구조를 설계했다.

위험을 넘어 기회로

열심히 1억 원을 모으고 사업도 키워가다 보니 새로운 기회가 열렸다. 하지만 이 과정이 순탄치만은 않았다. 건물 매입을 결정했을 때 가족들의 반대도 있었다. "너무 욕심부리지 말아라, 여기서 다시 무너지면 힘들다"라는 걱정의 목소리가 있었다.

당시 나는 부동산과 경제 관련 공부를 꾸준히 해왔기에 큰 리스크는 없다고 판단했다. 시중 금리가 2~3%대였고, 우리 회사가 입주할 것이므로 공실 걱정도 없었다.

2. 건물 기준 설정

부동산 투자 여정과 전략 수립

부동산에는 현금이 4억 원 정도 있다고 말하고 물건을 찾아보기 시작했다. 처음에는 10억 원대 물건도 많이 검토했으나, 매장으로 사용할 만한 건물은 많지 않았다. 특히 20평 이상이어야 구상하고 있는 퍼포먼스를 낼 수 있었기에 선택의 폭이 좁았다.

자금에 맞추어 서울 전역을 둘러보았지만, 금액이 맞으면 매장으로 활용도가 떨어지는 딜레마에 빠졌다. 열정적으로 저녁 10시 퇴근 후 매일같이 네이버 부동산과 블로그, 카페를 살펴보았다. 명품 쇼핑을 한다는 생각으로 하루도 빠짐없이 물건을 봤다(명품은 잘 몰랐지만, 나에겐 건물이 명품이었다).

토지, 건물, 단독, 다가구 등 모든 카테고리를 매일같이 살피며 다양한 부동산 유형을 연구했다. 중개법인 팀장님 다섯 분과 소통하며 물건을 확인하고 틈나는 대로 직접 임장을 가서 건물을 보았다. 약 30개 정도의 물건을 직접 보면서 건물을 보는 안목이 생겨나기 시작했다. 이러한 경험은 나중에 더 정확한 판단을 내리는 데 큰 도움이 됐다.

강남중개법인에서 "강남 도로변 건물 중 가장 싼 물건"이라고 소개한 역삼초교 교차로에서 창업가거리 교차로 사이의 도로변 건물은 30억 원대 초반으로, 너무 사고 싶었지만 4억 원이라는 투자금으로는 불가능했다. 현재 이 건물의 시세는 60억 원이 훌쩍 넘는다.

전략 재정립

비효율적 탐색의 한계를 깨달았다. 명확한 기준 없이 자금에 맞춰 다양한 지역의 물건을 보거나, 신축용 물건을 검토하거나, 자금이 맞지 않는 물건들을 무분별하게 살피는 데 6개월을 허비했다. 물건을 보는 안목은 넓어졌으나 너무 비효율적이었고 결국 본업에도 지장을 주기 시작했다.

전환점이 필요했다. 내 건물에 필요한 조건이 무엇인지 처음부터 기준을 다시 세우기로 결정한 뒤, 다음 사항들을 필수사항으로 정해 부합하지 않는 물건은 더 이상 검토하지 않기로 했다.

1. 주얼리 매장에 적합한 지역(종로구와 마포구)으로 한정
2. 매매가 20억 원 이하
3. 감정평가액이 높은 물건(대출을 최대한 활용하기 위함)
4. 매장과 사무실로 활용 가능한 공실이거나 명도가 가능한 조건

필수사항	선택사항	배점
지역: 마포구, 종로구	연면적(60평 이상)	30
매매가: 20억 원 이하	역세권(도보 5분)	20
감정평가액 ≥ 매매가	수익률(3%)	20
매장, 사무실 직접 사용	인접도로(6m 이상)	10
	유동 인구	10
	주차	10

선택사항은 직접 사용과 관련한 것을 중심으로 골랐다. 필요한 최소 면적, 고객의 매장 방문과 직원 출퇴근 용이성(역세권, 인접도로, 유동 인구, 주차), 그리고 수익률 등을 고려하기로 했다.

필수사항과 선택사항을 명확히 정하고 물건을 찾다 보니 깊게 분석할 가치가 있는 물건들이 하나둘씩 비교 대상으로 올라오기 시작했다. 물건을 받아볼 때마다 비교표를 작성했고, 필수사항을 모두 통과한 물건 중에서 선택사항 배점의 점수가 높은 물건을 최적의 물건으로 판단하게 되었다.

3. 건물 찾기

끈기와 기회의 발견

지속적인 탐색 노력이 결실을 맺었다. 회사나 매장에서도 필수사항에 부합하는 물건이 있으면 즉시 임장을 다녔다. 마포와 종로구, 이 두 지역의 실거래가를 파악하며 시세를 머릿속에 정리해 나갔다.

현실적인 어려움도 많았다. 필수사항에 부합하는 물건을 찾아가도 설명과 다른 경우가 있었고, 차량 진입 불가나 건축선 문제 같은 치명적인 단점들이 발견되기도 했다.

또 한 번의 실망스러운 임장 후에도 자동적으로 네이버 부동산을 확인하는 습관이 빛을 발했다. 전날 저녁에도 확인했지만 버릇처럼 다시 들어가게 됐다. 물건이 많지 않다 보니 건물, 토지, 단독/다가구 등 여러 카테고리를 살폈는데, 단독/다가구 카테고리에서 18.5억 원짜리 3층 올근생* 건물을 발

---

* 　전체가 상가로 된 근린생활시설을 뜻한다.

견했다. 부동산에서 건물 카테고리에 올려야 했는데 잘못 올린 것이었다.

이상적인 매치

바로 부동산에 연락하고 건물을 방문했다. 직접 매장으로 사용하기에 최적이었고, 사무실과 공방까지 활용도가 높았다.

명확한 기준을 세운 것이 힘을 발휘했다. 필수사항에 모두 부합하고 선택사항 점수도 높은 완벽한 물건이었다. 독학으로 건물 공부를 시작한 지 1년 만에 딱 맞는 건물을 찾은 순간이었다.

즉시 건물 계약을 준비하고 주거래 은행에 탁상감정을 의뢰했다. 다행히 매매가 이상의 감정가가 나왔고 80% 대출도 구두로 확인했다.

4. 건물 매입 결정
이상적인 투자 물건 발견과 계약 준비

이 물건은 최적의 입지 조건을 갖춘 물건이었다. 합정역 2번 출구에서 도보 4분 거리에 위치했으며, 주택 건물을 대수선 공사하고 근린생활시설로 용도변경해 직접 사무실로 사용 중인 건물이었다.

브랜드 이미지와의 완벽한 조화도 매력적이었다. 아뜰리에 느낌이 나서 주얼리 브랜드와 너무 잘 맞았다. 3개 층으로 구성되어 1층은 매장, 2층은 공방과 사무실, 지하 1층은 휴식 공간이나 임대 공간으로 활용 가능한 최적의 컨디션이었다.

주변 지역 시세 파악이 투자 결정에 도움이 됐다. 합정역 사거리를 중심으로 당시 주변 지역 시세는 다음과 같았다.

- 합정~홍대 블록: 평당 4~5천만 원
- 합정~성수 블록: 평당 6~7천만 원
- 당인리발전소 지역: 평당 5~6천만 원
- YG사옥 블록: 평당 4~5천만 원

합정~홍대 블록이 상대적으로 저평가되어 있다고 느꼈고 투자 가치 판단에 확신이 생겼다. 유동 인구는 적지만 도로가 넓고 쾌적한 환경이 매력적이었다. 디자인사무실, 출판사들이 많고 미슐랭 맛집들이 곳곳에 있어 상권의 질도 높았다.

사업 운영 측면에서도 이점이 많았다. 젊은 고객들이 방문하기에 좋았고, 홍대상권에서 고객을 유치하기에도 좋은 입지였다. 무엇보다 시세보다 좋은 금액에 매물이 나와서 대출을 활용하면 매입이 가능했다.

경험이 만든 자신감

축적된 판단력이 있었기에 자신 있게 결정할 수 있었다. 그동안 수많은 건물을 살펴봤기 때문에 결정을 내리는 것이 한결 수월했다. 비슷한 금액대에 이보다 좋은 조건의 건물은 없었고, 앞으로도 나오기 힘들 것이라 판단했다.

구체적인 자금 계획을 세웠다. 매매가 18.5억 원, 예상 대출 금액 14.8억 원(매매가의 80%), 부대비용 1.1억 원으로 약 4.8억 원 정도의 현금이 필요한 상황이었다.

잔금까지 가용 가능한 개인 저축액 약 1.5억 원, 보험약관 대출 약 3천만 원, 법인 임차 보증금 약 3억 원으로 총 4.8억 원을 간신히 마련할 수 있어 보였다. 결단력 있는 행동으로 나아갔다. 매입을 결심하고 매매가 협상에 나섰다.

5. 건물 계약

매매 협상과 최종 계약 성사

적극적인 협상 시작이 성과를 가져왔다. 부동산을 통해 매입 의사를 밝히고 매매가 18억 원까지 조정을 요청했다. 처음에는 답변이 없었지만 나는 포기하지 않고 지속적으로 관심을 표했다.

나는 일주일 내내 저녁에 건물을 찾아가서 한 바퀴씩 돌았다. 점점 내 건물이 될 거라는 확신이 생겼다. 매도자가 건물을 꼭 팔아야 하는 상황임을 파악하고, 상대방의 기분을 건드리지 않으면서 적정한 매매가 협상을 지속했다. 이전 부동산 매매 경험이 이 과정에서 큰 도움이 됐다.

다행히 유리한 조건으로 계약 체결에 성공했다. 결국 3천만 원을 조정해서 18.2억 원에 명도 조건으로 계약을 체결하게 됐다.

성취감과 보람을 느끼는 순간이었다. 계약 성사는 꿈만 같았고 그동안의 고생에 대한 보상 같았다. 부동산 공부, 수많은 물건 탐색, 명확한 기준 설정, 끈기 있는 협상 등 모든 노력이 결실을 맺는 순간이었다.

소유권 명의 결정

명의 선택의 고민에 직면했다. 계약서 작성을 위해 명의에 대한 중요한 결정이 필요했다. 개인 명의와 법인 명의의 선택은 다양한 측면을 고려해야 해서 쉽지 않았다.

세금 효율성 분석이 결정 기준이었다. 당시에는 매매가 20억 원 이하는 개인 명의, 20억 원 이상은 법인 명의로 기준을 잡았다. 직접 사용하는 용도로 건물을 매입해 장기 보유를 염두에 두고 개인 명의로 계약서를 작성했다.

6. 건물 대출 비딩

대출 조건 비교와 최적화

첫 번째 대출 조건은 부담스러웠다. 우리은행 방문 시 받은 최초 대출 조건은 매매가의 79.1%인 14.4억 원(담보대출 12.74억 원, 신용대출 1.66억 원), 금리 2.8%, 신용대출 원금 상환 월 460만 원이었다. 금리는 낮았지만 원금 상환까지 포함하면 매월 796만 원을 납부해야 했다. 이는 매우 부담스러운 금액이었다.

다행히 RTI 기준은 충족했다. 월 임대 시세 550만 원, 14.4억 대출 시 월 이자 336만 원으로 RTI가 1.5 이상이 되어 한도에는 문제가 없었다.

타 은행 조건도 비교하기로 했다. 두 번째로 국민은행에 대출을 의뢰한 결과, 대출 14.4억 원, 금리 2.6%, 원금 상환 매월 150만 원이라는 조건을 받았다. 금리와 원금 상환 조건이 우리은행보다 훨씬 유리했다.

협상력 강화로 더 나은 조건을 얻었다. 국민은행 조건을 가지고 우리은행 담당자와 협상에 들어갔다. 우리은행 담당자도 그동안 대출 심사를 위해 준비한 시간이 있어 더 좋은 조건을 만들어보겠다는 의지를 보였다.

최종 대출 조건 확정

최적화된 대출 조건 확보에 성공했다. 대출 심사 서류를 보강해 최종적으로 대출 14.4억 원, 금리 2.5%(월 이자 300만 원), 원금 상환 월 100만 원으로 승인이 났다. 매월 400만 원은 충분히 감당할 수 있는 조건이었다.

7. 건물 매입비용

효율적인 자금 구조 및 레버리지 활용

대출을 확정한 후 최종 자기자본을 계산하고 현금을 준비했다. 매매가 18.2억 원에 상업용 건물 취등록세 4.6%인 8,372만 원, 등기대행(국민주택채권 매입, 등기 수수료 등) 728만 원, 부동산 수수료는 0.9%에서 협상하여 0.7%인 1,200만 원으로 조정했다. 총 투입 비용은 19.23억 원이었다.

다양한 자금원 활용으로 자기자본을 최소화했다. 대출 14.4억 원(79.1%), 보험약관대출 2,300만 원, 임차인보증금(운영법인) 3억 원으로 총 17.63억 원을 레버리지로 활용했다. 총 투입 비용 대비 레버리지가 91.7%에 달하는 놀라운 비율이었다.

최소 자기자본으로 최대 효과를 얻을 수 있었던 것이 큰 도움이 되었다. 결과적으로 건물 매입에 들어간 실제 자기자본은 단 1.6억 원에 불과했다. 19.23억 원 규모의 투자를 위해 실제 투입한 자기자본이 8.3%에 불과한 것이다.

8. 건물 운영
공간의 전략적 활용과 사업 성장

나는 우선 효율적인 공간 배치로 사업 환경을 최적화했다. 건물은 지하 1층(반지층) 13평, 지상 1층 26평, 지상 2층 21평으로 총연면적 60평이었다. 각 층의 용도를 명확히 구분해 지상1층은 주얼리매장, 지상 2층은 공방과 사무실로 활용하고, 지하 1층은 임대 공간으로 활용했다.

임차인 선택도 신중히 했다. 지하층에 음식점 제안들이 들어왔지만, 과도한 인테리어나 설비, 명도 문제, 냄새 문제 등을 고려해 거절했다. 대신 간단한 설비만으로 운영 가능한 타투샵을 임차인으로 받았다.

기존 건물주가 사무실로 사용했던 건물이라 인테리어에 특색이 없었다. 레버리지를 최대한 활용해서 건물 잔금을 치르다 보니 추가 인테리어 자금이 부족했다. 다행히 아내가 감각적인 셀프인테리어를 제안해 기존 인테리어를 최대한 활용하는 방식으로 매장을 꾸밀 수 있었다. 온 가족이 달라붙어 며칠간 크고 작은 인테리어 공사를 했다.

마침내 고객들이 브랜드 특색을 느낄 수 있는 빈티지하고 고풍스러운 쇼룸이 탄생했다.

업무 환경 개선과 사업 확장

2층은 주얼리 제작 공간, 포장 공간, 사무 업무 공간, 촬영 공간, 재고 수납 공간으로 효율적으로 구분했다. 새 공간으로 이전 후 근무 환경이 크게 개선되었다. 쾌적한 환경으로 직원들의 만족도가 크게 높아졌다. 출퇴근도 편하고 주변에 맛집도 많았다.

브랜드 가치 상승으로도 이어졌다. 주얼리 중견기업의 콜라보 제안도 들어왔고, 자체 사옥에서의 미팅은 브랜드에 더 큰 신뢰도를 부여했다. 이것은 사업 확장의 발판이 되었다. 인사동 쌈지길 매장, 신사동 가로수길 매장, 서교동 합정 매장까지 총 3개의 매장을 운영하게 되었고, 경기도권 지역 고객들의 접근성도 높이졌다. 건물 매입과 함께 주얼리 사업도 대내외적으로 확장을 이루어 나갔다.

9. 건물 매각

경제 위기와 자산 가치 급등의 역설

건물을 매입하고 얼마 지나지 않아 코로나가 기승을 부리기 시작했다. 외국인 관광객과 해외수출에 의존도가 높았던 주얼리 사업은 매출이 급감했다. 매장 방문객이 70% 이상 줄었고, 인건비 부담으로 매장 운영시간을 단축해야 했다.

해외 시장의 위기도 겹쳤다. 중국 바이어들이 한국에 입국

할 수 없었고, 중국 배송도 차단됐다. 그 사이에 중국 내에서 우리 주얼리의 카피 제품이 유통되기 시작했다. 사업 확장 중이던 상황에서 매출 급감과 해외 카피 사건은 큰 타격이었다.

그런데 사업은 어려웠지만, 자산 가치는 오히려 급격히 상승했다. 코로나19 팬데믹으로 인한 경기 침체를 막기 위해 대규모 현금 유동성이 공급되고 저금리가 유지되면서, 현금의 가치는 하락하고 자산 가치는 폭등하기 시작했다.

매각 제안의 지속적 유입이 있었다. 중개법인에서 건물 매각에 대한 제안이 계속 들어왔다. 건물을 매입하고 약 2년이 지난 시점이었는데, 놀라운 가치 상승이 이루어졌다.

급격하게 가치가 상승하는 것이 눈에 보였다. 매입 시 평당 단가는 4,400만 원이었는데 2년이 지난 시점에 시세는 평당 6,500~7,000만 원으로 상승했다. 매매가 기준으로는 27~29억 원 정도였다. 28억 원에 매각할 경우 약 10억 원의 시세차익이 발생하는 놀라운 상황이었다.

전략적 결정의 시점

이렇게 급격한 상승이 나타나자 부동산 시장은 점점 매도자 우위로 변해갔다. 이는 매각하기에 좋은 타이밍으로 판단됐다. 특히 사업이 어려운 상황이어서 빠르게 매각을 검토하기로 결정했다.

예상을 뛰어넘는 성과에 대한 성찰이 있었다. 사실 이렇게 급등할 것이라고는 예상하지 못했다. 그랬다면 당연히 법인 명의로 매입했을 것이다. 장기적으로 사업을 하다 보면 30억 정도에 매각할 수 있겠다는 확신은 있었지만, 이 시기가 외부 요인에 의해 빨리 도래한 것뿐이었다.

매각 금액 산정

건물을 매입한 후에도 나는 매일같이 새롭게 시장에 나오는 물건들을 분석했다. 이것은 내게 가장 즐거운 취미생활이었다. 주변에서 건물 매입을 고려하는 사람들에게 조언을 제공하고, 부동산 커뮤니티에서 활발히 활동하며 때로는 강의 제안까지 받게 되었다. 건물에 대해 더 깊이 알아가는 과정이 너무나 즐거웠고, 이는 미래에 강남 건물주가 되기 위한 준비라고 생각했다. 최근 실거래가는 항상 내 머릿속에 자리 잡고 있었으며, 시장에서 어떤 건물들이 인기를 끌고 있는지, 매수자들이 선호하는 핵심 요소가 무엇인지도 정확히 파악하고 있었다.

해당 지역에 일반적인 시세가 존재하지만, 내 건물의 가치는 스스로 정하고 싶었다. 이를 위해 이 건물을 매입할 가능성이 있는 잠재 구매자의 페르소나를 설정했다. 홍대 상권과 조화를 이루며 매장과 사무실 공간이 필요한 기업, 우수한 인재 채용이 용이한 스타트업, 그리고 신축 사옥을 필요로 하는 회사들을 대상으로 삼았다.

서울에 있는 건물을 매각할 때는 중개법인에 물건을 등록하는 것이 더 유리하다. 잠재적 건물 매수자 풀이 가장 넓기 때문에 내 건물에 적합한 구매자를 찾을 확률이 높아진다. 초기에는 소수의 중개법인에만 등록하고, 한 달 이상 의미 있는 연락이 없을 경우 중개법인의 수를 확대하는 전략이 효과적이다.

종합적인 건물 가치 평가 후, 매매가를 36억 원(평당 8,570만 원)으로 책정했다. 매수 수요가 증가하고 매도자 우위의 시장 상황이 지속되면서 매매가도 꾸준히 상승 추세였으며, 특히 매매가 50억 원 이하의 소형 빌딩은 거래량이 활발했다. 본 건물의 다양한 특장점을 고려해 시세보다 약간 높은 금액으로 책정했으며, 향후 협상 과정에서의 가격 조율 가능성을 감안해 여유 있게 설정했다.

처음에는 중개법인 한두 곳에만 매물을 등록했으나, 약한 달간 반응이 저조하자 중개법인 수를 확대했다. 그러나 본 건물의 가치를 제대로 이해하고 인정하는 중개사에게만 매물을 의뢰했다. 중개사도 설득력 있게 설명하기 어려운 물건은 효과적으로 브리핑하기 어렵기 때문이다.

일반적으로 중개법인이나 부동산 사무실에 건물을 등록

할 때는 주소, 매매가, 주요 계약 조건 등의 기본 정보만 제공
하게 된다. 중개업소도 대부분 이러한 기본 정보만을 브리핑
하는 경우가 많다. 그러나 건물의 장점은 소유주가 가장 잘
알고 있기 때문에, 건물의 특장점을 최대한 상세히 어필하는
것이 중요하다. 건물 판매에서도 효과적인 '포장'은 매우 중
요한 요소이다.

중개법인에 아래 내용을 토대로 브리핑을 해달라고 자료
를 제공했다. 네이버부동산에도 아래와 같이 올려달라고 요
청했다.

- 올근생 홍대 · 합정 소재
- 명도 협의 가능/리스백 조건 가능
- 디자인 사무실, 스타트업, 출판사, 미슐랭 맛집 많은 지역
  으로 사옥 추천
- 교통이 편리하고 힙한 지역으로 직원들이 선호하는 입지
- 홍대 소액 재건축 부지로 추천
- 신축 사옥 통임대 시 보증금 2억 원/월세 1,200만 원 이상
  가능
- 신축 시 수익률 3.3%(가설계 제공)
- 주변에 신축(꼬마빌딩)이 다수 진행 중 환경 개선되는 지역

물건을 내놓은 중개법인이 늘어나고 네이버 부동산에도 광고가 게재되면서 매수 의향자들이 접촉해 오기 시작했다. 불과 몇 주가 지나지 않아 건물에 관심을 보이는 한 스타트업 대표가 현장을 방문했다. 대표는 주변 환경의 콘텐츠가 풍부해 다양한 방식으로 건물을 활용할 가능성이 있다고 평가했다.

이후 매매가 34.5억 원으로 조율, 명도 조건, 잔금 2개월 조건으로 매수 의향서를 받았다. 지하 1층 임차인은 시설 투자가 적어 이전이 용이했다. 명도비를 적절히 책정하고 상가 전문 부동산을 통해 이전할 새로운 상가를 연결해 주었다. 주얼리 매장과 사무실을 2개월 이내에 이전하는 것도 큰 문제가 되지 않았다.

매수자가 제시한 특약조건은 모두 수용하고, 매매가만 34.8억 원(평당 8,246만 원)으로 최종 협상을 마쳤다. 매수자는 34.8억 원의 대출 한도를 확인한 후 계약서에 서명했다.

2020년 1월에 18.2억 원으로 등기(잔금)를 완료하고 2년 8개월 만에 34.8억 원에 매각한 것이다. 시세차익이 무려 16.6억 원에 달했다. 개인 명의로 매입했기 때문에 6억 원 이상의 양도세를 납부했지만, 10억 원 이상의 순수익은 결코 적은 금액이 아니었다.

자산의 우상향

내가 이 건물을 매입했을 당시에도 가격이 비싸다는 의견이 많았다. 하지만 나에게는 사용할 공간이 필요했고, 갑질에 시달리지 않고 편안하게 사업을 운영하고 싶었으며, 든든한 보험과 같은 자산을 확보하고자 했다.

나에게 건물을 매각한 이전 소유주도 2013년에 11억 원에 매입하여 2019년에 18.2억 원에 매각함으로써 6년 만에 7.2억 원의 시세차익을 실현했다. 다양한 변수로 인해 단기간의 급등락은 발생할 수 있지만, 장기적 관점에서 접근한다면 일반적인 장사나 사업보다 훨씬 안정적인 수익을 창출할 수 있을 것이다.

우상향하는 건물의 가치(출처: 밸류맵)

11억　　　　　**18.2억**　　　　　**34.8억**

토지면적당 단가　　　　　　　　　　　　※ 해제 신고된 실거래가는 밸류맵에 표시되지 않습니다.

거래일자	거래유형	거래금액	단가	가격변동 (토지단가 당)	유형	여러건 거래
2022년 09월	중개거래	34억 8천만 원	82,466,898원/3.3㎡	91% 상승	근린	-
2019년 12월	-	18억 2천만 원	43,129,240원/3.3㎡	65% 상승	근린	-
2013년 10월	-	11억 원	26,067,123원/3.3㎡		단독	-

10. 2년 만에 16.6억 원을 벌고 깨달은 것

2년 8개월 만에 16.6억 원의 시세차익을 얻었다. 이는 연간 5.9억 원, 월 5,187만 원, 일일 173만 원을 번 것과 같다. 초창기 인사동 쌈지길 매장에서 하루 매출 100만 원을 기록하기 위해 10시간씩 일했던 것을 떠올리면 감회가 새롭다. 사실 하루 매출 100만 원만 달성해도 그날은 장사가 매우 잘 되었다고 여기던 때였다.

승승장구하던 사업이 코로나로 인해 급격히 악화되었다. 누구도 예측할 수 없었던 재난이었다. 열심히 사업을 하다 보면 대박이 한두 번 찾아오리라 기대했지만, 반대로 파산 직전까지 가는 위기도 여러 번 경험한다는 것을 알게 되었다. 남들이 쉴 때도 쉬지 않고 하루 종일 사업만 생각하며 살아왔는데, 외부 요인으로 무기력하게 흔들리는 모습에 정신적으로 큰 타격을 받았다.

끝나지 않을 것만 같던 코로나가 종식되어 갈 즈음, 돌이켜보니 직원들 급여를 간신히 지급하고 생활비를 충당한 정도였다. 2년간 고생해서 모은 돈은 0원이었다.

반면에, 건물은 매일 173만 원씩 가치가 상승하고 있었다. 건물을 매입하기 위해 투자한 시간을 제외하면, 건물 관련 업무는 매월 이자를 납부하는 것뿐이었다. 황당하면서도 정말 다행이라는 생각이 들었다. 만약 건물 매입을 하지 않았다면, 이러한 거대한 위기에서 살아남기가 매우 어려웠을 것이다.

노동소득만으로는 절대로 이런 수준의 수익을 창출할 수 없다는 사실을 뼈저리게 깨달았다. 자영업 기반의 사업소득도 안정적으로 지속해서 수익을 내기 어렵다는 것을 직접 경험했다. 결국, 자산소득으로 전환하지 않는다면, 노년기까지 일을 계속해야 하고 항상 불안한 마음으로 사업을 운영해야 한다.

많은 수익을 올리기 위해 장사를 시작하지만, 진정으로 소득을 높이기 위해서는 노동소득에서 자산소득으로 신속하게 전환해야 한다.

자영업자에게 자산은 든든한 보험과 같다. 젊은 시절에 빠르게 자금을 모아 안정적으로 성장하는 자산을 축적해야 한다. 건강이 악화되거나 사업이 위기에 처했을 때, 자산은 강력한 버팀목이 될 것이다.

다시 강조하지만, 자영업자에게 자산 형성은 필수적인 과제이다.

2.5억 원으로 성수 건물주된 30대 미용실 사장님

* 출처: 국토교통부

1. 건물 매입 배경

자영업자 건물주 되기 강의를 들었던 수강생이 '건물에진심' 건물 자문 상담을 요청했다.

성수동에서 미용실 2개를 운영 중인 30대 초반의 사장님이었다. 아직 미혼이었으며, 그동안 쉼 없이 사업에만 매진해 온 것으로 보였다. 미용실의 플레이스 후기를 확인해 보니 리뷰가 풍부하고 평가가 매우 우수했다. 이미 두 곳의 매장을 운영하고 있어 보유 현금은 많지 않았지만, 월간 현금흐름은 양호한 상태였다. 현재 2.5억 원의 보유 현금과 매월 3천만 원의 저축 가능한 자금을 확보하고 있었다.

운영 중인 샵은 염색 전문점으로 널리 알려져 있었고, 관련 교육사업도 활빌히 진개하고 있었다. 사업을 성공적으로 확장시키며 업계에서 높은 평가를 받았고, 업종 특성상 영업이익률도 우수했다.

현재는 사업이 순조롭게 진행되고 있었지만, 사장님은 오랜 시간 고민해 온 문제가 있었다. 뷰티나 피트니스 업종은 장기간 종사하기 어려운 특성이 있다고 했다. 트렌드에 민감하고 젊은 세대의 관심을 끄는 분야이기 때문에, 사장님의 연령이 높아질수록 고객층이 감소한다는 것이었다. 즉, 지속적으로 사업이 번창하기 어려운 업종 중 하나였다.

처음에는 당연히 세 번째 지점도 임대 형태로 운영하려

했으나, 건물주 강의를 접한 후 생각을 완전히 전환했다. 월세는 회수할 수 없는 비용이라는 것을 인식하게 되었고, 자신의 직업이 근로소득에 가까우며 장기적으로 안정적인 수입을 보장하는 업종이 아니기 때문에, 가능한 빨리 근로소득에서 자산 기반 소득으로 전환해야 한다는 사실을 깨달았다고 했다. 세 번째 지점은 반드시 자기 소유의 건물에서 운영하겠다는 확고한 결심을 하고 건물 매입 자문 상담을 요청한 것이었다.

2. 건물 기준 설정

처음 미팅 때 사장님이 원하는 지역은 성수였다. 3호점은 기존 2개 지점 인근에 위치하는 것이 운영 효율성을 높일 수 있다고 판단했다. 그러나 현실적으로 성수 지역에서 보유 현금 2.5억 원으로 구매할 수 있는 건물은 찾기 어려웠다.

따라서 지역 범위를 한 블록씩 확장하기로 했고, 우선 성동구 내에서 탐색하기로 결정했다. 미팅 과정에서 나는 사장님의 현금 흐름에 주목했다. 월 3천만 원의 현금 흐름은 매우 강력한 자산 확보 수단이었다. 1년이면 3억 6천만 원에 달하는 금액이다. 일반적으로 월 현금 흐름이 3천만 원이라 해도 기본 생활비로 500만 원에서 1천만 원 정도는 지출하게 된다.

여기서 중요한 두 가지 질문은 "최소한의 생활비를 지출하면서 최대로 저축할 수 있는 금액은 얼마인가?"와 "건물 구매를 결심했다면, 매출을 몇 퍼센트 더 증가시킬 수 있는가?"였다.

첫 번째는 지출을 절감하여 저축액을 늘려 목돈을 마련하는 것이고, 두 번째는 매출을 증대시켜 저축 가능한 금액을 확대하는 전략이다. 결국 건물주가 되고자 하는 확고한 동기가 있다면, 이 두 가지 접근법을 병행하는 것이 가장 효과적이다.

건물 탐색 기간 3개월, 계약에서 잔금 지급까지 6개월, 총 9개월의 시간을 산정하고 2억 5천만 원을 추가로 저축해 달라고 요청했다. 이렇게 하면 10개월 후에는 5억 원의 현금을 확보할 수 있게 된다.

현금 5억 원으로는 성수동이 여전히 어려울 수 있지만, 주변의 송정동, 건대 상권, 세종대 상권의 건물을 검토할 수 있었다. 그중에서 가장 먼저 주목한 지역은 송정동이었다.

건물 매입에 있어 미용실 사업의 장점은 실제 필요한 사용 면적이 크지 않다는 점이다. 일반적으로 한 층에 20~30평 정도면 충분히 운영이 가능하며, 더 작은 경우에는 여러 층을 활용하는 것도 무리가 없다. 전용면적 10평씩 3개 층을 사용할 수 있는 건물에서도 효율적인 운영이 가능하다.

전용 면적 요구사항이 작다는 것은 소형 건물(꼬마빌딩)을 매입해도 사업 운영에 지장이 없다는 의미이며, 작은 규모의 건물은 상대적으로 매매가가 낮다. 이러한 이유로 미용업은 건물 매입에 유리한 업종 중 하나이다.

사장님은 안정적인 매출 규모와 높은 영업이익을 바탕으로 신용 대출 및 다양한 금융 옵션을 활용할 수 있는 상황이었다.

이에 건물 매입을 위한 구체적인 기준을 다음과 같이 설정했다.

<필수사항>
- 매매가 20억 원 이하
- 감정평가액이 높은 건물
- 성동구 내 위치
- 명도 조건(직영 가능)

<선택사항>
- 연면적 25평 이상
- 건물의 가시성이 좋을 것
- 주차 가능 여부(또는 주변 사설주차장 이용 가능)

3. 건물 찾기

기준을 설정한 후, 강남중개법인과 송정동, 건대입구, 세종대학교 인근의 로컬 부동산에 매물 요청을 진행했다. 필수사항과 선택사항을 체계적으로 정리하여 부동산에 전달하면 중개인이 적합한 물건을 찾는 데 훨씬 효율적이다.

매매가 20억 원 이하로 성수동과 뚝섬 인근의 건물 매물을 확인하며 현장 방문을 시작했다. 예상보다 저렴한 가격대의 건물을 찾기가 쉽지 않았다. 당시 성수동은 평당 1억 5천만 원을 넘어서는 시점이어서 주변 지역의 부동산 가격에도 영향을 미치고 있었다. 현재는 연무장길 메인 구역이 평당 2.5억 원을 초과하여 거래되고 있는 상황이다.

가장 먼저 송정동을 방문하게 되었다. 송정동은 성수 · 뚝섬 지역과 중랑천 사이에 있는 구역으로, 소규모 빌라들이 밀집한 조용한 동네였다. 성수동 상권이 확장되면서 송정동까지 다양한 맛집들이 입점했고, 곳곳에서 신축 공사가 활발하게 이루어지고 있었다.

지역이 활성화되고 있다는 신호는 주변의 신축이나 리모델링 공사 증가를 통해 확인할 수 있다. 공사를 위해서는 토지 매입이 선행되어야 하므로, 최근 실거래가 증가하면서 해당 지역의 감정평가액이 상승하게 된다.

성수 상권의 확장으로 인해 과거 평당 3~4천만 원 수준이었던 송정동의 땅값이 현재는 평당 5~6천만 원 정도로 상승해 있었다. 특히 배우 고소영이 이 지역에 신축 건물을 짓고 직접 사용하면서 지역 인지도가 더욱 높아졌고, 이후 가수 홍진영, 가수 바다 등 유명 연예인들의 건물 매입도 증가하는 추세였다.

송정동은 매매가 20억 원 이하로 건물을 찾기에 적합했고, 젊은 고객층이 충분히 방문할 만한 위치였다. 사장님이 운영하는 미용실은 풍부한 리뷰, 뛰어난 기술력, 그리고 집객력이 우수한 콘텐츠를 보유하고 있어, 이 정도의 거리는 문제가 되지 않았다.

사장님에게 송정동을 제안했을 때, 성수 인근의 입지와 희망 매매가 범위에 부합한다는 점에서 큰 만족감을 표현했다.

4. 건물 매입 결정

송정동 매물을 집중적으로 탐색하기로 결정했다. 송정동 주택가의 가장 큰 단점은 차량 통행이 어려울 정도로 도로가 매우 협소하다는 점이었다. 따라서 대로변 인근이나 주요 동선 라인에 있는 물건을 우선적으로 검토하고 있었다. 마침 화양 사거리 대로변에서 가시성이 확보되는 단독 주택 매물이 시장에 나왔다. 직접 현장을 방문해 보니 보행자들의 접근성이 매우 뛰어난 위치였다.

매도자는 주택인 상태로 매각을 원했다. 매매가는 15억 원(평당 4천만 원)으로 시세 대비 낮은 금액이었다. 법인으로 매입 시 취등록세 중과가 되고, 대출한도가 낮았지만 소액 건물이어서 접근이 가능했다.

이 건물은 대지 36.9평, 연면적 39.3평 규모의 3층 건물이었다. 연면적이 다소 작다는 인상이 있었지만, 사장님과 협의한 결과 건물을 매입 후 주택을 근린생활시설로 용도변경을 하고, 3개 층을 효율적으로 활용한다면 미용실 운영에 충분히 가능하다는 결론을 내렸다.

5. 건물 계약

건물주는 2015년에 4억 7천만 원에 매입해서 이미 3배 이상 오른 상태였고, 빠른 매각에 대한 니즈가 있었기 때문에 시세 약 18.5억 원(평당 5천만 원)보다 낮은 금액인 15억 원(평당 4천만 원)에 매물을 내놓았다. 당시 금리 상승으로 인해 부동산 시장의 매수세가 현저히 감소한 상황이었다. 최종 계약 직전에 추가로 2천만 원을 더 내려 14억 8천만 원에 최종 계약을 체결했다.

법인으로 주택 매입 시 대출이 불가능하거나, 방 공제 등으로 대출 한도가 낮아지게 되는데, 방공제 없이 대출 한도를 높일 방법이 있다. 바로 부동산 담보신탁"을 이용하는 방법이다. 사실 계약을 하기 전에 대출 가능 여부 및 한도를 확인하고 진행했다.

사장님의 신용도가 우수하고 사업이 안정적으로 운영되고 있어 대출 승인이 원활하게 이루어졌다. 주택 상태이지만 잔금 이후 매수자가 근린생활시설로 용도변경하여 직접 사용한다는 조건으로 매매가 14.8억 원의 77.7%인 11.5억 원을 대출받았다. 일반적인 대출 방식으로는 엄두도 못 낼 높은 대출 한도였다.

6. 30대 초반에 건물주가 된 사장님

사장님은 매입을 위해 5억 5천만 원의 자금이 필요했다. 매월 저축을 통해 잔금을 마련해야 했기 때문에 계약과 잔금 사이의 기간을 8개월로 협의했다. 2023년 8월에 계약을 체결하고 2024년 4월에 잔금 일정을 설정했다. 초기 자금 2억 5천만 원과 월 3천만 원의 현금흐름 8개월분(2억 4천만 원), 그리고 신용대출 6천만 원을 합해 총 5억 5천만 원을 마련했고, 성공적으로 잔금을 지불했다.

▪   부동산 소유자(위탁자)가 자신의 부동산을 신탁회사(수탁자)에 이전하고, 이를 담보로 금융기관(우선수익자)에서 대출을 받는 구조이다. 이 과정에서 부동산의 소유권은 신탁회사로 이전되지만, 위탁자는 해당 부동산을 계속 사용할 수 있다. 신탁회사 소유권이기 때문에 은행은 담보물을 그대로 인정하고 대출을 해준다.

사장님은 이렇게 빨리 건물주가 될 것이라고 예상하지 못했다고 한다. 30대 초반이면 일반적으로는 사회 초년생도 많은 나이다. 사장님은 20대 중반에 창업하여 5~6년간 오직 사업에만 집중하며 살아왔다. 지점을 확장하며 사업 규모를 키울 수도 있었지만, 새로운 방향성을 인식하고 실행에 옮긴 결과물이었다.

잔금 납부 후에도 현금흐름은 지속적으로 유입되어, 바로 근린생활시설로 용도변경을 진행하고 직접 사용을 위한 리모델링 공사를 시작했다. 잔금 지급 후 사장님으로부터 들은 바로는, 잔금 마련을 위해 더욱 열심히 매출을 증대시키고, 극도로 절약하며 저축을 실천했다고 한다. 단순히 매출 증가와 지점 확장에만 급급했는데, 건물주라는 목표가 생기면서 사업에 더욱 열정을 쏟게 되었다는 것이다. 사장님은 최소한의 비용으로 깔끔하게 리모델링을 완료하고 현재 건물을 직접 운영 중에 있다.

예상보다 많은 사장님들이 명확한 목표 없이 현금흐름에 만족하며 생활하고 있다. 열심히 일한 대가로 해외여행을 다니고, 명품을 구매하고, 차량을 교체하는 경우를 빈번하게 목격했다. 상담 과정에서 이러한 과거의 선택을 후회하는 사례가 상당히 많았다.

전국 임대료 1등,
북창동 건물주가 된 파스타집 사장님

• 출처: 국토교통부

1. 건물 매입 배경

요리에 자부심이 있는 사장님을 만났다. 그는 '장사는 건물주다' 건물주 강의를 듣고 건물 매입 자문을 의뢰했던 수강생이었다. 처음에는 젊은 모습이어서 30대 중반으로 생각되었고, 장사 초년생 정도로 보였다.

그는 고등학교 조리과를 졸업하고 우송대학교 외식조리학부를 전공했으며, 세계 대회에서 여러 차례 수상 경력도 있었다. 대전에서 이탈리아 음식점을 시작했는데, 셰프 출신답게 한식 재료를 활용한 이탈리안 요리를 개발하여 친근하고 익숙하게 다가갈 수 있는 컨셉을 구축했다.

현재는 서울로 진출하여 한남동, 도산공원, 성수동에 직영점을 운영 중이다. 요리에 대한 뛰어난 재능을 바탕으로 다양한 브랜드를 성공적으로 운영하며 업계의 이슈를 창출해 왔다.

이 사장님의 이야기를 자세히 소개하게 된 이유는, 이처럼 성공적인 사업과 높은 매출을 올리고 있는 사장님이 우연히 '장사는 건물주다' 강의를 접하게 된 전환점 때문이다. 그는 서울에서 5호점을 오픈하기 위해 5억 원을 준비해 두었다고 한다. 끊임없이 자금이 축적될 때마다 매장을 확장하는 패턴만 반복해 오던 상황이었다. 강의를 듣고 난 후에야 사장님은 그동안 내고 있던 월세의 가치를 인식했다.

2. 건물 기준 설정

사장님은 4개 매장을 운영하며 각각 월 매출 1억 원씩 발생하여 현금 흐름이 매우 양호한 편이었다. 대략 월 4~5천만 원 정도 순이익을 창출했다. 우선, 사장님이 보유한 모든 자산을 면밀히 파악했다. 부동산 2채가 있었으며, 그중 1채는 곧 매각 일정이 확정된 상태였다. 현금은 7억 원이 있었고, 부동산 매각 예정금을 포함해 향후 10개월간 추가 확보 가능한 현금은 5억 원이었다. 그리고 주류대출 2억 원, 신용대출 1억 원을 포함해 17억 원을 마련할 수 있는 재무 구조를 수립했다.

처음에는 5억 원만 있다고 했던 사장님이 17억 원의 자기자금으로 건물 투자를 검토할 수 있게 되었다. 사업을 성공적으로 운영하는 사장님의 가장 큰 강점은 안정적인 현금 흐름이다.

자기자본(에쿼티) 17억 원을 기준으로 60~70억 원 전후 매물을 탐색하기 시작했다. 일반적으로 매매가의 20~30% 정도를 자기자본으로 확보한 상태에서 적합한 물건을 모색하는 것이 바람직한 접근법이다.

3. 건물 찾기

처음 살펴본 물건은 종각에 있는 68억 원 상당의 건물이었다. 종각 피아노거리 핵심 지역에 자리한 이 건물은 대지면적 35평으로 협소했으나, 상업지구 내 맞벽(건물이 서로 붙어 있는 형태) 구조를 갖추고 있었다.

지상 7층, 연면적 225평 규모의 건물로, 평당 1억 9천만 원인 68억 원에 매물로 나왔다. 감정평가액이 98억 원으로 책정되어 약 30% 할인된 급매 물건이었다. 당연히 이면에는 사연이 있었다. 매도인이 고령으로 요양시설에 입소해 있었는데, 건강 상태가 위급하다는 소식을 듣고 자녀들이 급하게 매물을 내놓은 것이었다. 그러나 매도인의 건강 상태가 호전되면서 건물 매각이 철회되었다. 부동산 거래에서는 타인의 불행이 자신의 기회가 되는 경우가 종종 있다. 건강이 회복되었다는 소식은 다행스리웠지만, 계약 성사 직전에 무산되어 아쉬움이 컸다. 사실 건물 매입을 위해 물건을 살펴보다 보면, 한두 번의 좌절은 대부분 경험하게 마련이다.

시간이 흐른 후, 두 번째 건물이 관심을 끌었다. 홍대입구역 2번 출구에서 도보 3분 거리, 대규모 청년주택 공사 현장 인근에 있는 대로변 건물이었다. 가시성이 매우 우수하고 사거리 횡단보도 바로 앞에 자리했다. 맞은편에는 올리브영이 입점해 있고, 오른쪽으로 가면 '연트럴파크'가 나온다. 상업적으로 매우 우수한 입지였다. 50평 대지에 평당 1.3억 원 총 68억 원에 매물로 나온 상태였다. 당시에도 쭈꾸미 전문점으로 성업 중이었으며, 코너 건물이라 주차장을 활용한 야외 영업도 가능한 장점이 있었다. 아쉬운 점은 매매가였다.

감정평가액은 어느 정도 나왔지만, 60억 원 초반에 매입하는 것을 목표로 협상을 진행했다. 건물주 역시 애착이 있어 쉽게 가격 인하에 응하지 않았다. 건물주가 직접 1, 2층에서 영업 중이어서 급매 상황이 아니었다.

4. 건물 매입 결정

그러던 중 보물 같은 물건이 나타났다. 북창동 메인 라인의 코너 건물이 매물로 나온 것이다.

북창동은 면적은 작지만 알짜 상권이다. 서울시의 '2023년 상가임대차 실태조사'에 따르면, 북창동 상권의 $1m^2$당 월 통상임대료는 18만 700원으로, 명동거리(17만 3,700원)를 제치고 서울에서 가장 높은 것으로 나타났다. 평당 임대료가 50만 원을 상회하는 수준이다.

이는 장사가 잘되어 매월 충분한 임대료를 감당할 수 있는 자영업자들이 많다는 의미이다. 누구나 입점하여 영업하고 싶어 하는 최우선 상권이다. 실제로 메인 거리를 걸어보면 인기 있는 프랜차이즈 매장들이 빼곡히 들어서 있다. 오랜 명성을 자랑하는 음식점들도 상당수 포진해 있다. 결국 수익률이 우수하므로 건물 가격 역시 만만치 않은 동네라는 것을 알 수 있다.

오피스 수요뿐만 아니라 관광객 수요까지 꾸준하다. 인근에 플라자호텔, 코리아나호텔 등 외국인 관광객들이 머무는 호텔, 유스호스텔들이 많고 주요 관광지인 명동, 남대문, 덕수궁과 가까워 외국인들의 유입이 쉬운 지역이다. 이렇게 365일 내내 24시간 상권이 활발한 지역이다.

이렇게 좋은 상권의 메인 입지에 코너 건물이 나온 것이다. 건물을 한두 번 놓치고 협상이 잘 되지 않아 점점 관심도가 떨어져 가는 찰나였는데 북창동 건물은 행운과도 같았다. 북창동 내 우체국 앞 코너 건물로 가시성이 매우 좋고 주차 공간도 넉넉한 자리였다. 1층에는 농민백암순대, 2층 진도집으로 매일 줄을 서는 가게가 입점되어 있었다.

대지 45.4평, 평당 1.38억인 63억 원에 매물이 나왔다. 일반상업지역에 2층 건물이었다. 입지도 좋지만, 더 좋게 본 것은 건폐율이었다. 건폐율이 97.92%로 1층 45평, 2층 44평으로 대지에 꽉 차게 올라간 건물이다.

건물의 입지와 실사용 면적이 너무 마음에 들었다. 평당 1.3억 원이 넘지만, 1층 면적을 40평 이상 사용할 수 있어서 문제가 되지 않았다. 워낙 지역이 작은 데다가 임대료 수준도 높아서 물건이 쉽게 나오지 않는 지역이다. 지금은 평당 2억 원 정도의 시세로 나와 있는 물건들이 간혹 있다.

더 좋았던 것은, 상업지여서 용적률이 많이 남아있어 증축이 가능했다. 증축을 할 경우, 1층에 주차를 1대 추가해야 되지만 해당 지역은 '부설주차장 제한 지역'이어서 $134m^2$ (40.535평) 이내로 주차장 추가 없이 증축이 가능했다. 사장님은 3층(40평) 증축하고 직접 사용하기로 계획을 세웠다. 임대료가 높은 지역의 40평의 추가 공간은 엄청난 가치를 지닌다.

증축 전후 변화

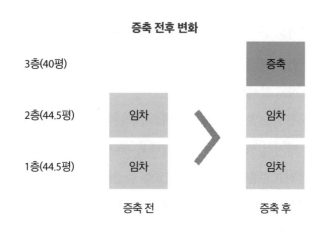

너무 완벽한 시나리오로 정리가 되고 있었다. 항상 모든 것이 좋을 때에는 더욱 정신을 바짝 차려야 한다.

5. 건물 계약

일단 다른 매수자가 없다고 판단해서 62억 원까지 금액 조정을 하고 있었다. 그런데 갑자기 연락이 뜸해서 확인해 보니 갑자기 매수자가 붙은 것이다. 62.5억 원에 계약 날짜를 잡았다는 통보를 받았다. 이대로 이 물건을 놓칠 수가 없어서 바로 63억 원으로 올리고 잡힌 계약일에서 하루를 당겨서 우리가 계약을 할 수 있게 일정을 잡았다.

이 사장님도 너무나 사고 싶은 건물이어서, 며칠간 애를 태우며 연락을 기다렸다. 마지막에 5천만 원 더 올려서 계약을 가져오자고 했을 때, 바로 수락을 했다. 최종 63억 원에 계약 자리를 잡고 제일 먼저 사장님에게 연락을 드렸다. 지금도 생생하다. "대표님, 저희가 이겼습니다. 계좌 보낼 테니 가계약금 바로 쏘세요!"

사장님도 오늘쯤 계좌가 나올 거라는 것을 알고 OTP 카드를 챙겨서 하루 종일 기다렸다고 했다. 운전 중 도로에 차를 세우고 손을 떨면서 계좌번호를 눌렀다고 한다.

자칫 장사 잘하는 사장님으로 남았을 법한 30대 후반의 사장님이 서울 한복판 중심지에 60억 원대 건물주가 되었다.

1억 원으로 시작, 2년 만에 인생역전한
30대 곰탕집 사장님

* 출처: 국토교통부

1. 건물 매입 배경

곰탕집 사장님은 '장사는 건물주다' 강의 1기 수강생이다. 알고 지낸 지도 2년이 넘었다. 유튜브 채널에 라이브로 건물주 관련 콘텐츠를 촬영할 때가 많았는데, 그때마다 촬영장에 곰탕을 싸 가지고 오셨다. 몇 번을 고사했지만, 한결같이 곰탕을 가지고 오셨다. 오실 때마다 눈빛이 정말 간절해 보였다.

어느 날, 오후 11시쯤 퇴근하는 길에 직접 곰탕집을 찾아가 보았다. 따끈한 곰탕을 한 그릇 마시듯이 먹었다. 사실, 사장님네 곰탕집의 고기는 정말 손에 꼽힐 정도로 맛있다. 몇 년간 배운 비법이라고 하는데, 이 맛을 나만 아는 게 아까울 정도였다.

가게를 오픈할 때 자금이 부족해서 부모님 집을 담보로 대출을 받아 시작한 터라 부담감은 더 컸다. 30대 중반이 넘었지만, 부모님도 모시고 있고, 형님과 형님의 자녀들까지 사장님이 챙겨야 하는 상황이어서 결혼도 아직 못하고 있는 실정이었다. 텅 빈 식당에 둘이 앉아 있는데, 너무 안쓰럽고 딱해 보였다.

주방에 가마솥이 있는데 새벽마다 곰탕을 가마솥에 몇 시간씩 끓여야 한다. 사장님은 1시에 영업이 종료되면 그 이후에 가마솥에서 곰탕을 끓이는데, 중간중간 재료도 넣어야 하고, 불이 나면 안 되어서 가마솥 옆에서 잠을 잔다고 했다. 한 여름에는 땀을 뻘뻘 흘리면서 잔다고 한다.

맛은 어디에 내놓아도 인정받을 만한 수준인데 장사가 잘 되지 않았다. 인건비를 줄이려고 사장님이 많은 일을 도맡아 하고 계셨다. 틈만 나면 책도 읽고 유튜브도 보면서 인생을 바꿔보려고 노력했다고 한다. 그러던 중 '장사는 건물주다'를 알게 됐고, 어떻게든 자신을 알리고 싶어서 매번 곰탕을 가져다 준 것이라고 한다. 맛이 좋아서 배달을 해보라고 권유했지만, 정작 수수료를 떼고 나면 남는 게 없다고 했다. 너무나 답답한 상황이었다.

그래도 안 쓰고 모은 돈이 1억 원이 있었다고 한다. 그 와중에 건물주가 되겠다고 수업을 듣고 우리와 연을 이어가고 있었던 것이다.

그러던 중에 장사 관련 유명한 유튜브 채널에 출연을 하게 되었다. 이 영상이 조회 수 140만 회를 넘기면서, 사장님 가게에 손님들이 물밀듯이 밀려 들어왔다. 본질인 맛이 준비되어 있으니, 기회가 찾아온 것이다.

반가운 마음에 식당에 가봤더니, 사장님이 살이 더 빠져 있었다. 툭 치면 쓰러질 것만 같았다. 매출은 올라서 좋았지만, 밀려오는 손님을 감당하기가 힘들었던 모양이다. 5천만 원도 안 나왔던 매출이 7천만 원 넘게 찍히고 계속해서 자동으로 저축이 되고 있었다. 매출 소식을 듣고 나는 사장님께 이렇게 말씀드렸다. "무조건 돈을 모아야 합니다. 1억 원 더 모아서 꼭 2억 원을 만들면, 건물주가 될 수 있을 겁니다."

지쳐 있던 사장님의 눈이 번쩍했다. "네! 지금 힘들지만 행복합니다. 어떻게든 2억 원까지 모아보겠습니다." 나오는 길에 여러 생각이 교차했다. 2달 전만 하더라도 앞이 캄캄했던 모습이었고, 나 또한 도울 수 있는 게 없었다. 하지만 이젠 다르다. 잘하면 가능할 것 같았다.

1년이 지나고 곰탕집도 자리를 잡아가기 시작했다. 직원들이 밀려오는 손님들을 효율적으로 잘 응대하고 회전율도 높이고 있었다.

여느 때와 같이 라이브 방송에 곰탕을 들고 찾아오셨는데, 그날따라 예전보다 밝은 얼굴이었다. 아니나 다를까, 2억 원을 모았다고 했다. 그간 이야기를 들어보니, 기계처럼 일만 했다고 한다. 2억 원을 마련해 온 사장님을 어떻게든 도와드리고 싶었다.

2. 건물 기준 설정

곰탕집은 최소 20평 이상 필요하다고 했다. 가능하다면 상부층을 집으로 사용하길 원했다. 지역 선정을 위해서 최대 레버리지 할 수 있는 자금을 정리해 보기로 했다.

매월 1천만 원 정도 저축을 할 수 있는 상태가 되어 있었다. 사업자 대출을 받아서 직원을 더 채용하고 서비스 품질을 높여서 매출을 올리고 순수익을 높이는 방향을 잡아봤다. 최근 매출이 좋아서 사업자 대출이 5천만 원 정도 나올 수 있다고 한다.

유튜브 출연 영상의 영향이 조금씩 떨어지고 있어서, 자영업자 전문 마케팅 회사인 '매듭컴퍼니'를 통해서 마케팅을 하기로 했다.

사업 자금을 받아서 좀 더 공격적으로 홍보를 하고 서비스를 강화하니 매출이 다시 점점 오르기 시작했다. 매월 2,000만 원씩 저축하는 목표를 잡았다. 주류대출, 보험약관대출, 노란우산공제대출 등 대출 이자가 감당할 수준에서 대출들을 알아보았다.

준비된 현금은 2억 원이었고, 7개월간 매월 2,000만 원을 저축하면 1.4억 원을 더 확보할 수 있었다. 보험약관대출 및 주류대출 6천만 원까지 해서 최대 4억 원까지 마련해 보는 것으로 계획을 잡았다. 여기에 기존의 곰탕집의 보증금과 권리금까지 하면 몇천만 원이 더 생기게 된다. 이 비용은 건물 매입 후 인테리어와 집기 세팅할 때 쓰기로 했다.

자기자본을 4억 원으로 가정하고 건물 매매가를 산정해 보니 14억~18억 원 정도 매입이 가능해 보였다. 매매가 16

억 원, 대지 면적은 35평, 평당 4,570만 원의 장사가 될 만한 입지로 찾아야 한다는 조건이 나왔다.

우선 땅은 작지만 건폐율이 높은 건물이 주로 있는 서울 구도심(종로구, 중구) 지역과 오피스와 주거 세대가 많은 강서구, 양천구를 집중적으로 찾아보기로 했다.

3. 건물 찾기

9호선 라인으로 20억 원 이하의 건물을 집중적으로 찾아보았다. 9호선 등촌역 출구에서 1분 거리에 있는 건물로 대지면적 40평 총 4개 층이었다. 매매가는 16억 원, 평당가 4천만 원으로 매입이 가능한 건물이었다.

역에서 가깝고 금액대가 비싸지 않아서 좋아 보였지만, 곰탕집을 하기에 아쉬운 자리였다. 배후 세대는 많았지만, 주변에 오피스 상권이 아니어서 점심 장사가 힘들어 보였다. 단순히 부동산으로만 봤을 때에는 나쁘지 않았지만, 매출에는 영향을 받을 수 있었다.

결정적으로 1층의 명도가 힘들었고, 명도비용도 만만치 않았다. 장사를 해야 하는 입장에서 엄청난 걸림돌이었다. 일단 협상을 멈추고 좀 더 장사를 할 만한 입지로 물건을 더 찾아보기로 했다.

오기가 생긴 사장님은 장사를 마치고 새벽마다 물건을 보러 다녔다. 새벽 2시, 3시, 아침 7시 수시로 건물 사진을 카톡에 보내왔다. 사장님은 정말 진심이었다. 이 정도 절실함으로 몰입한다면, 사실 건물 매입은 시간문제였다. 자기 자금에 맞춰서 소액 건물 위주로 보다 보니 장사하기에 적합한 건물을 찾기가 어려웠지만 지역을 확장하며 새벽에 이동 거리를 늘려나갔다.

한 달 정도 지났을 무렵 땅은 작지만 위치가 좋은 건물이 나왔다고 사장님한테 연락이 왔다. 김포공항역에서 5호선 송정역, 9호선 공항시장역으로 가는 사거리 교차로에서 바로 보이는 대로변 건물이었다. 9호선 공항시장역에서 도보 3분, 5호선 송정역에서 도보 4분 거리이다.

대지면적 28평, 지하 1층 9평, 지상 1, 2층 19평, 지상 3층 주택 13평, 연면적 59평의 규모이고, 상업지 건물로 매매가 16억 원(평당 5,700만 원)에 부동산에 나와 있었다.

대로변 방향으로 건물의 폭이 좁긴 했지만, 바로 옆 건물인 공항지구대(경찰)의 주차장이 있었다. 또, 주변에 오피스텔과 병의원, 공항 관련 회사들이 많았다. 김포공항 인근으로 공항에서 일하는 직원들의 주거 수요와 점심 식사, 저녁 회식 및 모임 수요가 많은 입지였다. 같은 라인에 중국집은 2개 층 연면적 40평에 월매출 1억 5천만 원을 내고 있다.

4. 건물 매입 결정

장사를 하기 위한 입지, 오피스 및 주거 배후 세대, 주변 환경 및 호재는 좋다고 판단이 되었다. 다만, 대지평수가 작고 층별 면적이 작아서 곰탕집을 운영하기엔 아쉬움이 있었다. 다행히 땅은 28평으로 작았지만, 건폐율 67.8% 층당 면적 19평으로 간신히 장사를 해볼 만했다.

지상 1층과 지하 1층, 2개 층을 사용한다면, 사용 면적 28평으로 주방과 홀을 나눠서 사용할 수 있는 구조였다. 상업지여서 감정평가액 20억 원 이상으로 잘 나왔다.

일단, 부동산을 통해서 건물주의 상황을 살펴보니, 매우 급한 상황이었다. 협상하기에 아주 좋은 상태였다.

지하 1층은 창고로 사용 중이었고 1층은 다행히 최근에 나가서 2개 층을 직접 쓸 수 있는 조건이었다. 2층 음식점은 장사가 잘되고 있어서 그대로 유지하고, 3층 주택은 매도인 거주 중으로 잔금 시 나갈 예정으로 잡았다. 곰탕집 사장님은 건물 상층부에 거주하는 것도 고려하고 있어서 좋은 조건이었다.

5. 건물 계약

곰탕집 사장님은 무주택인 상태였고, 이 건물은 3층이 주택으로 되어있었기에, 매매가 16억 원인 소액 건물 취득을 개인으로 계약하기로 했다. 법인으로 주택매입 시 취득세 중과가 있지만, 개인으로 매입 시에는 주택 취득세만 내면 된다. 매매가가 소액으로 매매차익에 따른 양도세율이 낮을 것으로 판단되었고, 장기보유할 경우 특별공제도 받을 수 있다.

RTI가 생각만큼 나온 것은 아니어서 이자 대비 월세가 1.5배 더 나와야 대출 한도가 잘 나올 수 있었다. 건물의 감정평가가 높은 점, 곰탕집 사장님의 최근 매출 및 납부 가능한 이자를 토대로 대출을 최대한 받아보기로 했다.

계약 전에 은행에 사업계획서를 제출하고 대략적인 한도를 확인했다. 매매가의 80%인 11.2억 원이 가능하다는 답변을 받았다. 현금 4억 원으로 충분히 매입이 가능한 상황이 되었다.

모든 조건을 확인했고 매매가 14억 원(평당 5천만 원)에 계약금 바로 입금하는 조건으로 부동산을 통해서 딜을 했다. 예상대로 14억 원에 계약 자리를 잡자고 연락이 왔다. 단, 잔금을 당겨달라는 요청이 왔다. 계약 후 6개월로 미루고 싶었으나, 3개월 잔금으로 조율을 했다. 매매가 조율로 잔금을 치르는 데 문제가 되지 않았다. 모든 조건들의 합의를 마치고 바로 계약서를 작성했다.

곰탕집 사장님도 드디어 건물주가 되었다. 라이브 촬영 때 처음으로 곰탕을 가지고 온 지 2년 만의 일이다. 나도 믿기지 않았다. 물론 건물을 산다고 모든 것이 해결되는 것은 아니다. 하지만 곰탕집 사장님의 끈기와 노력이라면 어떤 문제가 생겨도 극복이 가능할 거라 생각이 들었다.

울컥하는 목소리로 전화가 왔다. "드디어 건물주가 되었습니다. 너무나 감사합니다." 너무 힘들었을 때부터 봐왔기 때문에 나도 눈시울이 붉어졌다. 누군가는 이와 같은 사례를 보고 남다르게 건물주가 된 사람들이 많다고 생각할 수도 있지만, 이와 같은 방식은 더 이상 특별한 일이 아니다. 벌써 이렇게 건물주가 된 사람이 수십 명에 달하기 때문이다.

결국 누구나 마음먹으면 할 수 있는 게 건물주라는 것이다. 장사만 잘한다면 말이다. 곰탕집 사장님의 이야기를 많은 분들에게 들려주고 싶었다. 나에겐 평생 기억에 남을 건물주 이야기이다.

레버리지 끝판왕
30대 족발집 사장님

* 출처: 국토교통부

1. 건물 매입 배경

이번에 소개할 사장님은 화곡동에서 족발 장사를 하면서 가장 정석적인 방법으로 건물주가 되는 데 성공한 분이다. 준비 단계부터 모든 과정을 하나하나 철저히 실천한 결과, 단 2년 만에 23억 5천만 원대 건물을 소유하게 되었다.

족발집 사장님은 20대 중반에 제주에서 서울로 상경하여 호텔 주방에서 요리사로 경력을 쌓기 시작했다. 호텔 요리사로 일하며 기본기를 탄탄히 다졌고, 충분한 경력을 쌓은 후 그는 화곡동에 자신의 족발집을 오픈하기에 이르렀다.

그러나 가게의 위치는 유동 인구가 거의 없는 후미진 골목에 자리 잡고 있었다. 이로 인해 매출의 대부분은 배달에 의존할 수밖에 없었다. 초기의 어려움을 극복한 그는 점진적으로 매출을 증대시키며 매월 1천만 원씩 저축할 수 있는 기반을 마련했다.

족발집 사장님과는 2022년 여름 우연한 모임에서 만났다. 사장님은 "건물주가 되고 싶지만 너무 막막하다"라며 자신의 고민을 털어놓았다. 당시 사장님이 갖고 있던 현금은 2억 원이었는데, 나는 유동 인구가 많은 입지의 건물을 매입하려면 더 많은 자금이 필요하다고 답변했다.

사장님은 현재 매장의 위치에 대한 불만도 털어놓았다. "지금 있는 자리는 너무 안 좋아서 배달 매출이 대부분이에

요. 대로변에 월세 500만 원짜리 상가가 나왔는데, 그쪽으로 옮겨 매출을 더 높인 뒤 돈을 모아 건물을 사는 건 어떨까요?"라고 말했다.

이런 행동은 흔히 범하는 실수여서 나는 사장님에게 단호하게 답했다.

"당장은 좋은 자리로 옮겨 매출이 오를 수 있겠지만, 이전 비용, 인테리어 비용, 추가 월세 비용, 권리금 등으로 지금까지 모은 돈을 다 써버리고 또다시 처음부터 시작해야 할 것입니다. 지금 배달 매출로 매월 1천만 원씩 저축할 수 있다면, 2년간 2억 5천만 원을 더 모아 건물주에 도전하세요." 많은 사장님들이 이런 악순환을 반복하며 어려움을 겪고 있는 게 실정이다.

이후 사장님은 철저히 돈을 모으고, 저축한 자금으로 주식 재테크까지 병행했다고 한다. 그러면서 2년간 매월 1천만 원 이상 저축해 2억 5천만 원을 만들었고 재테크로 5천만 원의 추가 수익을 얻었다고 했다. 기존에 저축했던 돈과 합치면 정확히 5억 원을 마련해서 '건물에진심'에 건물 자문을 의뢰했다.

2. 건물 기준 설정

"5억 원이면 어떤 건물을 살 수 있을까요?" 사장님이 기대에 찬 눈빛으로 물어보았다. 족발집은 강서구에 위치하고 있었고, 배달이 잘되는 업종이라서 강서구 내에서 이전하기를 원했다. 먼저 현금 5억 원으로 구매 가능한 건물의 가격대를 20억 원 전후로 기준을 잡아주었다. 사장님은 강서구에 20억 원 전후의 물건을 매일같이 탐색했다고 한다. 가끔 찾아서 보내준 건물들은 괜찮아 보였다. 강의를 듣고 자신에게 맞는 건물의 기준을 정립하여 영업하기 좋은 입지를 찾아오기 시작했다.

그러던 어느 날 방화역 인근 준주거 지역 건물을 찾았다고 기쁜 목소리로 연락이 왔다. 금액도 좋고, 위치도 좋았으나 명도가 어려운 상황이었다. 족발집 사장님은 너무 사고 싶은 마음에 1층 세입자와 직접 접촉했고, 결국 세입자가 건물 매각 사실을 알게 되어 건물주까지 난처해지면서 건물주가 계약을 철회하게 되었다.

급한 마음에 저돌적으로 접근한 것이 오히려 역효과를 낳은 것이었다. 장사 매출도 신경 써야 하는데 매일같이 임장을 다니다 보니 불안해지기 시작했고, 시간이 흐르면서 사장님도 점점 지쳐갔다. 누구보다 열심히 노력했지만 가시적인 진전이 없었다.

사장님은 20억 전후로 건물을 탐색하다 보니 아쉬운 점이 많은 건물들이 대부분이었다고 한다. 건물은 좋은데 영업하기 어려운 위치이거나, 입지는 좋은데 영업할만한 면적이 충분치 않은 경우가 많았다.

먼저 초기 자금을 정확히 파악했다. 보유 현금은 5억 원이고 결혼을 앞두고 있었는데 예비 배우자가 1억 원 정도의 자금을 보유하고 있었다. 신용 및 기타 대출 1억 원, 노란우산공제 대출 2천만 원, 운영 중인 족발집의 보증금 3천만 원, 권리금 2천만 원, 현재 거주 중인 곳의 전세금 5천만 원을 모두 합산하여 최대 3억 2천만 원을 추가로 활용할 수 있었다. 가용 가능한 모든 현금을 계산해 보니 총 8억 2천만 원이 확보되었다. 매월 1천만 원 저축액까지 고려하면 최대 9억 원까지도 운용 가능한 상황이었다. 장사가 안정적으로 잘 되고 있어 레버리지를 최대한 활용하고 그에 따른 이자도 충분히 감당할 수 있는 상황이었다.

보수적으로 초기 자금 8억 원을 기준으로 해서 30억 원 이하 건물을 탐색할 수 있게 되었다. 영업 환경이 더 우수한 물건을 찾기로 했다. 필수사항으로는 30억 원 이하 건물, 강서구 소재, 직접 사용 가능성(명도 가능)을 설정했다. 선택사항으로는 배후 세대, 유동 인구, 주차 가능 여부, 가시성을 고려 대상으로 두었다. 추가 자금을 확보하고 물건의 기준을 더 명확하게 설정하자 적합한 물건 찾기가 훨씬 수월해졌다.

3. 건물 찾기

새롭게 설정한 기준으로 건물을 탐색하니 선택지가 훨씬 다양해졌다. 그러던 중 족발집 사장님이 등촌동 건물을 소개해왔다. 삼거리 코너에 있는 건물이었다. 건물 앞은 유동 인구가 많아 예전에 직접 전단지를 배포했던 장소라고 했다. 실제로 입지 가치는 현장에서 영업해 본 자영업자들이 더 정확히 파악하기도 한다. 보자마자 직감이 왔다.

일반 건물 투자자들은 강서구까지 가서 건물을 매입하는 경우가 흔치 않지만, 이 지역에서 장사하는 사장님에게는 입지만 좋다면 월세 지불 대신 건물을 매입해 사업하는 것이 훨씬 안정적인 선택이었다.

이 건물은 9호선 증미역에서 도보로 7분 거리에 위치했다. 대지면적 65.67평, 제2종 일반주거지역, 연면적 125.2평, 지하 1층부터 지상 4층 규모의 건물이었다. 매매가는 25억 원으로 평당 3,800만 원에 매물로 나와 있었다. 매수자 명도 조건, 주택 용도변경 불가 조건 등 계약조건이 까다로웠지만, 영업하기에는 우수한 입지여서 다양한 방식으로 협상을 시도해보면 좋은 결실을 맺을 수 있을 것이라는 확신이 들었다.

또 이 건물은 준공업지역에 유동 인구가 풍부한 위치에 있었다. 주변을 둘러보면 고층의 지식산업센터와 오피스텔들이 즐비하게 들어서 있었다. 넓은 면적의 자동차 관련 공장

건물 주변의 배후세대

들도 다수 존재했다. 앞으로 지식산업센터나 다양한 상업시
설이 추가로 들어설 잠재력이 큰 지역이라는 판단이 되었다.

준공업지와 일반주거지역이 혼재된 이 지역은 일자리가
풍부할 뿐만 아니라, 주변에 상당한 규모의 주거 세대가 밀집
해 있다는 것이 큰 장점으로 작용한다. 이 건물의 경우 반경
1km 내에 44,000세대가 거주하고 있었다. 세대 기준으로 계
산하면 인구수는 약 10만 명에 달한다고 볼 수 있었다. 특히
오피스텔과 빌라에는 20~30대 1인 가구가 많이 거주한다는
점에 주목해야 한다. 사업 측면에서 이러한 배후 세대는 매우
중요한 요소이다.

주거 세대가 많고 1인 가구 비율이 높아 저녁 시간대 배

달 매출이 높은 지역이기도 하다. 족발 카테고리가 이러한 입지에 적합하며, 주변에 경쟁력 있는 족발 전문점이 없는 상황이었다.

증미역에서 건물로 오는 길에는 정면에서 건물의 가시성이 매우 뛰어났다. 바로 맞은편에는 작은 공원이 조성되어 있었는데, 이곳은 어린이집이나 학원 셔틀버스가 아이들을 내려주는 장소였다. 엄마들이 아이를 기다리고 아이들이 함께 놀 수 있어 자연스럽게 사람들이 모이는 공간이었다. 특히 오후 4~7시 사이에는 유동 인구가 매우 집중되는 시간대였다.

4. 건물 매입 결정

눈여겨본 건물은 지하 1층부터 4층까지 각 층이 25평으로 구성되어 있었다. 지하 1층부터 2층까지는 근생시설이고, 3층과 4층은 주택으로 사용되고 있었다. 공실 없이 세입자가 7명이나 있는 상황이었다. 직접 1층에서 영업을 해야 하는데 현재 가게가 3개나 입점해 있었다. 부동산, 미용실, 카페가 각각 8~9평 규모로 운영되고 있었다. 다행히 미용실은 내년이면 계약 10년 차가 되며, 카페는 이미 권리금을 내놓은 상태였다. 이 건물은 1층에 있는 부동산에서 매물로 올린 상황이었다.

동시에 3명의 세입자를 명도하는 것은 쉽지 않은 일이지만, 위의 조건들을 정확히 이해하고 적절히 협상한다면 충분히 가능할 것으로 보였다. 건물 내에 있는 부동산이 직접 매물을 올리는 경우에는 명도 가능성까지 고려하고 물건을 내놓는 경우가 많다. 부동산과 소통해 본 결과, 매수자가 직접 사용한다면 퇴거할 의향도 있어 보였다. 일반적으로는 부동산이 임차해 있는 건물을 다른 부동산에서 매매 물건으로 내놓을 경우 명도가 상당히 어려운 편이다. 건물주가 세입자인 부동산에게 건물 매각 계획을 알리면 거래를 방해하는 사례도 종종 발생한다.

이 경우엔 오히려 가능성이 있는 상황이었다. 부동산에는 직접 사용할 물건을 찾고 있다고 의사를 명확히 전달했다. 이 건물이 아니더라도 다른 적합한 건물도 추천해 달라고 요청했다. 카페 사장님은 건강 문제로 영업이 어려워 권리금을 내놓은 상태였다. 권리금만 지불하면 쉽게 퇴거 가능한 상황이었다.

미용실은 1년 후에 계약 10년 만기가 되는 상황이었다. 하지만 매입 후 미용실이 1년간 추가로 영업하는 것은 그 기간 대출 이자를 부담하면서 기다리기 어려운 조건이었다. 1년 후에 어차피 퇴거해야 하는 상황이라면, 적절한 명도비를 책정하여 협상하면 가능해 보였다.

4층은 전세 입주자가 있었는데, 3개월 후에 퇴거하기로 예정되어 있었다. 사장님은 매일 출퇴근하기 부담스러워했고, 직원들도 숙소가 필요한 상황이었기에 주택으로 사용할 수 있는 공간이 있다는 점은 오히려 긍정적인 조건이었다.

5. 건물 계약

건물에 대한 충분한 파악이 이루어졌기 때문에 건물주와의 협상 방향을 설정하기로 했다. 먼저 두 가지 핵심 문제가 있었다. 매수자(건물주) 명도 조건과 주택 용도변경 불가 조건이었다. 건물주는 세입자들과 오랜 관계를 유지해왔기 때문에 매도자 명도 조건은 어렵다는 입장이었고, 3층과 4층을 주택에서 근생으로 용도변경해주는 것도 1가구 1주택 양도세 비과세 혜택을 받지 못하게 되어 어렵다는 입장을 고수했다.

건물주가 명도를 해준다면 명도비를 절감할 수 있고, 용도변경을 해준다면 법인 주택 취득세 중과를 회피할 수 있었다. 결국 이 두 가지 조건이 조정되지 않는다면 매매가를 낮추는 방향으로 협상할 수밖에 없었다. 두 가지 조건의 조정을 여러 차례 요청했지만, 건물주는 이를 수용하지 않았다.

분명한 것은 이 건물주가 매각을 반드시 해야 하는 상황이며, 현 시점에서 매입을 진행할 수 있는 사람은 우리 밖에 없다는 확신이 있었다. 소유주는 1949년생으로 나이가 꽤 있었고 대출 없이 보유 중이었다. 그리고 매각이 이루어지면 20억 원 이상의 현금이 확보되는 상황이었다. 또한 1년간 물건을 매물로 올려둔 사실도 확인했다. 명도 불가, 용도변경 불가라는 까다로운 조건 때문에 좋은 입지임에도 불구하고 매각이 지연된 상태였다.

부동산을 통해 매입 의지를 보이고, 우리가 결심했을 때 조건을 맞춰 매각하시라는 메시지를 우회적으로 전달했다. 결국 건물주는 두 가지 조건을 수용하지 않았고, 최후의 수단인 매매가 조정 협상에 들어갔다. 1층 명도에는 최소 1억 원의 비용이 소요될 것으로 예상되었고, 주택분 취득세 증가분은 약 6,600만 원 정도로 예상되었다. 매매가 25억 원에서 최소 1억 6,600만 원은 낮춰야 하는 상황이었다.

건물주의 빠른 매각 필요성을 파악했기 때문에, 우리가 두 가지 조건을 모두 수용하는 대신 2억 원을 조정하여 23억 원에 계약을 체결하자고 부동산에 제안했다. 쉽게 답변이 오지 않았다. 지금까지 매각이 이루어지지 않은 이유가 있었던 것이다. 조금도 양보하기 싫었던 건물주의 마음이 지금까지 이어져 온 것이었다.

부동산을 통해 지속적인 설득 작업을 진행했다. 어차피 매각할 계획이라면 현 조건으로는 어려우니, 이 공간을 직접 사용할 수 있는 사람만이 구매할 수 있다는 메시지를 계속 전달했다. 보름 이상의 밀고 당기는 협상 끝에 23억 5천만 원이라는 가격이 도출되었다.

취등록세 증가분 6,600만 원은 불변이고, 명도비 1억 원에서 좀 더 절감할 수 있다면 23억 5천만 원에 계약하는 것도 좋은 선택으로 판단되었다. 곧바로 계약을 체결하자고 제안했다. 본계약을 일주일 앞두고 명도 작업을 진행하기로 결정했다.

계약 전에 부동산과는 명도 관련 비용을 대략적으로 정리한 상태였다. 부동산도 난감해하긴 했지만, 명도비와 부동산 수수료 0.9%는 상당히 큰 금액이었다.

카페 사장님과도 면담했다. 권리금을 받고 퇴거하는 상황이어서 제시된 권리금에서 일정 부분 조정하고 명도계약을 작성했다. 계약 전에 세입자 2명과의 협의는 완료된 상태였다.

문제는 미용실이었다. "건물주가 바뀌지 않았는데 왜 퇴거해야 하느냐"라는 입장이었다. 충분히 주장할 수 있는 상황이었다. 일단 계약까지 진행하고 부동산을 통해 미용실에 의견을 전달했다. 계약을 더 미룬다면 계약 자체가 무산될 가능성도 있었다.

미용실 사장님은 일단 10년 만기일까지 퇴거할 수 없다는 입장이었다. 계약금까지 지불한 상태에서 1년 동안 이자만 부담하며 기다릴 수는 없었다. 미용실 사장님은 그 자리에서 10년 가까이 영업했기 때문에 애착이 깊었고, 단골 고객도 많았다. 아마도 미용실 계약 만기가 5년 이상 남았다면, 계약금 지불 전에 모든 협의를 마쳤을 것이다. 최악의 경우 1년간 입주가 불가능한 상황까지 고려하고 계약금을 지불한 것이었다.

미용실 사장님은 오랜 기간 영업해 왔기에 갑작스러운 퇴거를 예상조차 하지 못했던 것 같다. 누군가의 터전을 떠나라고 말하는 것은 참으로 어려운 일이다. 그러나 이 시점까지 왔는데 회피하거나 미룰 수는 없었다. 그동안 부동산 사장님을 통해 서로의 입장을 주고받다가, 미용실 사장님께 직접 연락을 드렸다.

나는 최대한 미용실 사장님의 이야기에 귀 기울였다. 공감도 해주었고 그 마음을 이해하려고 노력했다. 모든 입장을 청취한 후, 매수자인 족발집 사장님의 입장을 설명했다.

"내년이면 10년 만기이고 계약 종료일에 퇴거하셔야 합니다. 만기 퇴거 시에는 명도비나 이사 비용을 제공해드리기 어렵습니다. 건물 소유권 이전(잔금) 일이 4개월 후입니다. 4개월 안에 이사를 해주실 수 있다면 명도비를 지급해드리겠습니다"라고 정중히 전달했다. 돌아온 답변은 10년 만기까지 영업을 지속하겠다는 내용이었다. 그렇게 통화를 마쳤다.

2일이 지나고 부동산에서 연락이 왔다. 미용실에서 명도비를 책정하고 퇴거하겠다는 답변이었다. 다음 단계를 준비하고 있던 중이었는데 예상보다 쉽게 해결되었다. 곧바로 미용실 사장님과 만나 명도 계약서를 작성했다.

미용실 사장님은 통화 당일에는 감정을 주체하지 못하고 의견을 수용하지 않았지만, 내가 차분히 공감해 주고 의견을 제시해 준 덕분에 시간이 지난 후 마음이 조금 풀렸다고 한다. 다시 한번 느꼈다. 모든 것은 결국 사람이 하는 일이라는 것을. 통화 중에 나도 미용실 사장님이 안타깝다는 생각이 들었고 그 감정이 전달된 것 같다.

결국 1층 상가 3개의 명도비는 9,200만 원으로 정리했다. 매매가는 1억 5천만 원을 조정해 낮췄고, 추가로 발생한 비용은 명도비 9,200만 원, 취등록세 증가분 6,600만 원으로 총 1억 5,800만 원이었다. 다시 말하면, 건물주가 명도해주고 용도변경 조건으로 25억에 거래한 것과 거의 동일한 금액이 된 셈이다.

족발집 사장님은 모든 상황에 만족하며 1층에서 영업할 생각에 들떠 있었다. "이 자리는 제가 장사 안 될 때 나와서 전단지 뿌렸던 곳이에요. 이 건물을 사게 되다니 믿기지가 않네요"라며 눈시울을 붉혔다.

건물에 주택이 2개 층이 있어서 대출한도가 낮았다. 송정동 미용실 사장님처럼 부동산 담보신탁을 활용해서 매매가 23억 5천만 원의 77%에 해당하는 18억 원을 대출받았다. 매입한 건물의 총사업비는 26억 4,400만 원(매매가 23억 5천만 원 + 명도비 9천만 원 + 취등록세 1억 8,100만 원 + 부동산 수수료 2,100만 원)이었다. 대출 18억 원과 세입자 보증금 1억 6,500만 원을 제외하면 실제로 투입한 현금은 6억 7,900만 원이 소요되었다.

구분	금액	비고
매매가	2,350,000,000	
명도비	92,000,000	1층(부동산, 미용실, 카페)
취등록세	181,000,000	근생(4.6%), 3, 4층 주택(13.4%) 법무사 수수료, 국민채권매입
부동산 수수료	21,000,000	
총 사업비	2,644,000,000	
대출	1,800,000,000	
보증금	165,000,000	지하 1층, 2층, 3층
투입 현금	679,000,000	

세입자 퇴거 이후 1층 철거 및 인테리어 비용으로 추가로 1억 원 정도가 소요되었다. 결과적으로 총 7억 7,900만 원의 자기자본을 투입하여 자신의 건물에서 사업을 운영할 수 있

게 되었다.

　잔금 후 3개월 만에 개업을 하고 한 달 매출을 보내왔다. 1층 족발집 월 매출이 9,844만 원이었다. 영업이익으로 건물 전체 대출 이자를 내고도 남는 매출이었다. 너무나 감격스러웠다. 자영업자가 건물주가 되어야 하는 이유를 그대로 보여주었다.

　2억 원밖에 없었던 평범한 족발집 사장님이 2년이 지나 23.5억 원 건물의 주인이 되었다. 자신의 건물에서 마음 편히 사업을 운영하는 사장님이 된 것이다. 누구나 원하는 '내 건물에서 장사하는 꿈'을 족발집 사장님은 30대에 이루어냈다.

절실함과 적극성으로
방배동 건물주 된 중국집 사장님

• 출처: 국토교통부

1. 건물 매입 배경

성신여대에서 중국집을 운영하시는 사장님 부부가 찾아 왔다. 건물주가 되고자 하는 마음이 너무나 간절한 것이 느껴졌다. 미팅을 하다 보면 다소 미온적인 태도의 분들도 있는데, 이 부부는 매우 적극적이었다. 자주 전화해서 "저 꼭 건물 사고 싶어요"라고 강한 의지를 표현했다. 너무나 강력하게 목표를 설정하고 행동했기에 결국 다른 사람보다 훨씬 더 빨리 건물주가 된 사례이다. 건물주는 돈이 많은 순서가 아니라 정말 절실함의 순서대로 만들어진다.

남편은 중국집을 운영하며 장사를 잘하고 있었고, 아내는 온라인 사업으로 안정적인 추가 수입을 창출하며 두 사람의 경제적 기반을 다지고 있었다. 또한, 매월 사업을 통해 2천만 원 정도를 저축할 수 있는 안정적인 현금 흐름을 확보하고 있었다. 결핍에 의한 절실함보다는 목표를 이루고 말겠다는 강한 의지가 매우 컸던 분이다.

음식의 맛과 서비스 덕분에 장사는 잘되고 있었지만, 지역 특성상 객단가를 높이는 데 한계가 있어 매출 성장의 벽을 느끼고 있었다. 이 과정에서 단순히 부동산을 구매하는 것뿐 아니라, 장사를 위한 입지와 상권 분석의 중요성을 깊이 이해하게 되었다고 한다. 사장님은 "고급스러운 중국집"을 운영하고 싶다는 뚜렷한 목표도 가지고 있었다. 이에 따라 객단가가 높은 고객층이 집중된 서초구와 송파구의 상권을 추천했다.

2. 건물 기준 설정

보유 현금 7억 원과 매월 2천만 원의 안정적인 현금 흐름을 기반으로, 건물 탐색부터 자금 마련까지 약 10개월의 기간을 설정했다. 이를 통해 총 9억 원의 자금을 투입할 수 있는 건물을 목표로 설정했고, 서초구와 송파구 내 매매가 약 30억 원 전후의 상업용 건물을 중점적으로 탐색하기로 했다.

사장님은 중국집 운영을 위해 필요한 최소 면적을 명확히 제시했다. 총 면적은 50평 이상, 한 층의 최소 면적은 25평 이상이어야 한다는 기준이 있었다. 건물 가격은 대개 땅값에 의해 결정되기에, 30년 이상 된 건물의 경우 건물 자체의 가치는 거의 없다고 볼 수 있다. 따라서 한 층의 면적이 25평이라면 대지 크기는 약 50평 정도가 필요하고, 50평 대지의 건물을 30억 원에 맞추려면 평당 6천만 원의 땅을 찾아야 했다. 그러나 서초구와 송파구에서는 평당 6천만 원에 적합한 중국집 입지를 찾기가 쉽지 않았다. 건폐율이 높은 땅이나 급매 물건을 중심으로 방향을 설정하기로 했다.

3. 건물 찾기

사장님은 미팅 초기부터 건물 매입에 대한 강한 의지를

보였다. 기준이 정해진 후에는 본인이 직접 물건을 찾아다니며 분석을 요청하는 등 적극적인 모습을 보였다. 3개월간 물건을 찾던 중, 마침 중국집 운영에 적합한 건물이 나왔다. 방배역에서 도보 5분 거리에 있는 이 건물은 대지 면적 50평, 연면적 75.9평으로, 제2종 일반주거지역에 지하 1층~2층 구조를 갖춘 건물이었다.

이 건물은 방배동 먹자라인의 끝자락과 주거 밀집 지역으로 진입하는 사이에 위치해 있었다. 유동 인구가 많은 주요 동선 바로 옆에 위치해 조용한 주택가처럼 보이지만, 맞은편에는 방배1동 주민센터, 도서관, 강당 등의 공공 시설이 있었다. 특히 이 주민센터는 규모가 크고 다양한 공공시설을 갖추고 있어 해당 지역 주민들뿐 아니라 여러 용무로 외지에서도 많이 방문해 전체적인 유동 인구가 많은 곳이라 판단했다.

4. 건물 매입 결정

처음에는 32억 원(평당 6,400만 원)에 시장에 나온 매물이었지만, 건물주가 외국에 거주하게 되어 급히 처분이 필요한 상태였다. 매각을 위해 명도를 완료하고 건물을 근린생활시설로 변경해 매물로 내놓은 상황이었다. 이 건물은 입지 조건이 중국집 운영에 적합했기 때문에, 사장님은 매매가를 조율해보기로 했다. 사장님도 입지에 크게 만족했으며, 금액만 적정 수준으로 조율된다면 즉시 계약금을 지급할 의사가 있었다.

2024년 4월 당시, 높은 금리로 인해 임대 목적 투자자들이 매입을 꺼리는 상황이었다. 매도자는 매각이 시급했지만 매수자가 없어 초조해하고 있었다. 그러나 우리는 직접 중국집을 운영하며 발생하는 매출로 이자를 충분히 감당할 수 있었기 때문에 협상에서 유리한 위치를 점할 수 있었다. 과감하게 28억 원(평당 5,600만 원)을 제안했고, 매도자는 고민 끝에 우리의 제안을 수락했다. 가계약금 1억 원을 바로 입금하고 계약을 이끌어냈다.

5. 건물 계약

매매가는 28억 원이며, 취등록세와 법무사 비용으로 1.4억 원, 부동산 수수료로 2,500만 원이 추가되어 총 사업비는 29억 6,500만 원이 소요되었다. 이 건물은 올근생으로 변경된 상태에서 감정평가액이 30억 원으로 나왔다. 대출은 매매가의 78.6%인 22억 원을 실행했고, 나머지 7억 6,500만 원은 자기자본으로 충당하여 건물을 매입했다.

다만, 지하 시설물에는 불법 증축 및 위반 사항이 있어서, 이를 모두 해소하고 고급 음식점에 적합한 대수선 및 인테리어를 진행하기로 했다. 총 공사비는 9억 원으로 책정되었으며, 사업계획서를 통해 공사비 대출 7억 원을 확보했다. 담보가 부족한 상황에서 개인이 보유한 부동산을 추가로 담보로 제공하여 대출 한도를 넉넉히 확보할 수 있었다. 은행은 대출 심사 시 차주가 이자 연체 또는 대출 금액 상환 불능 가능성을 감안해 한도를 줄이는 경향이 있지만, 추가 담보 제공을 통해 한도를 늘릴 수 있었다.

총 대출 금액은 29억 원(토지 담보 대출 22억 원 + 공사비 대출 7억 원)으로, 금리 4.5%를 적용하면 월 이자는 약 1,087만 원으로 계산된다. 중국집 운영을 통해 월 1,500만 원까지는 충분히 이자를 감당할 수 있어 문제가 없었다. 사장님은 금리가 6%(월 이자 1,450만 원)까지 상승하더라도 이자 부담은 없을 것이라고 판단했다.

최근 1년간 고금리 기조가 유지되었으나, 최근 들어 두 차례 금리가 인하되었고, 2025년에는 추가 금리 인하가 예상되고 있다. 만약 금리가 4%로 조정된다면 월 이자는 966만 원으로, 3.5%로 낮아질 경우 846만 원으로 더 감소하게 된다. 많은 자영업자는 고정된 월세를 납부하지만, 건물주는 대출 금액에 대한 이자를 지불한다. 월세와 대출 이자의 차이는 실제로 크지 않은 경우가 많아, 건물주로 전환하는 것이 장기적으로 유리한 선택이 될 수 있다.

이 사장님의 성공 요인은 강한 절실함과 적극적인 태도,

그리고 철저한 준비와 실행력이었다. 건물주가 되기 위해 단순히 자금력만으로는 부족하다. 강한 동기와 실행력이 필수적이다. 특히, 이 사장님은 목표를 이루기 위해 매일같이 노력하며, 물건을 분석하는 트레이닝을 했기 때문에 빠른 결정을 내릴 수 있었다. 건물주가 되는 것은 누구나 가능한 일이지만, 철저한 준비와 강한 의지가 뒷받침되어야 한다.

8억 원 싸게 매입한 을지로 건물, 30대 고깃집 사장님

• 출처: 국토교통부
• 표시된 지역은 세운지구

1. 건물 매입 배경

도야집 사장님은 용리단길에서 삼겹살집 도야집, 스페인 요리점 타파코파, 스시집 등 다양한 음식점을 3개나 운영하고 있었다. 20대 중반에 울산에서 서울로 올라와 외식업을 바닥부터 배우고 코로나가 왕성했을 시점에 창업을 했다.

코로나로 많은 가게들이 문을 닫고, 권리금이 사라지고 있는 틈을 타서 용리단길에 가시성이 좋은 자리에 30대 초반에 삼겹살집을 오픈했다. 단층짜리 건물이고 면적이 10평이었다. 고깃집 치고는 작은 평수이지만 테이블을 8개까지 넣고 장사를 시작했다.

힘든 어린 시절을 보냈던 터라, 악착같이 장사에 매진하면서 그 작은 가게에서 매출 1억 원 달성했다. 고생한 보람이 있었다. 장사에 자신도 생기고 현금흐름도 돌다 보니 용리단길에 스시집과 스페인 요리점을 오픈하게 되었다.

그러던 중 건물주 강의를 듣고 장사를 잘하는 사람이 건물을 안 사면 바보라는 걸 알게 되었다. 용리단길에서 장사를 시작할 무렵 건물주도 바뀌었다. 건물주는 2019년에 13억 원에 매입했고, 2024년 시세는 약 26억 원을 호가했다. 5년 만에 13억 원이 오른 것이다.

열심히 장사해서 가게 앞에 줄 세우고 트래픽을 올렸더니 결국 웃는 것은 건물주라는 사실이 큰 충격으로 다가왔다. 그래서 사장님은 반드시 자기 건물에서 장사를 하기로 마음을 먹게 되었다.

2. 건물 기준 설정

도야집 사장님은 2호점부터는 자기 건물에서 운영하겠다는 다짐을 했다. 그래서 건물주 강의를 모두 듣고 부동산 임장을 다니며 물건들을 보기 시작했다. 그러면서 기준을 하나씩 설정하기 시작했는데, 어느 정도 정리된 기준은 직접 사용(명도 가능), 핫플이거나 핫플로 부상하는 지역, 최소 연면적 20평, 매매가 20억 원 이하였다.

당장 모은 현금은 2억 원이 안되었지만 주류대출, 보험약관대출, 6개월간 저축할 수 있는 현금, 기타 차용금액들을 계산해보니 4.5~5억 원까지 가능했고 레버리지에 대한 이자부담도 충분히 감당이 가능했다. 하지만 기준에 맞는 장사를 할 만한 자리는 대부분 30억 원 이상이었다. 그렇게 공부와 임장을 반복하면서 1년간을 보냈다.

3. 건물 찾기

도야집 사장님은 의지는 강했지만, 현실적인 어려움에 부딪혔다. 그래서 자영업자가 빠르게 건물주가 될 수 있도록 자문을 해주는 '건물에진심'에 의뢰하게 되었다. 사장님은 장사를 너무 잘해서서 현금흐름이 좋았지만, 장사가 될만한 자리를 찾으려면 자금이 더 필요했다.

사장님이 의뢰하시기 전에 '건물에진심'에서 을지로에 있는 건물을 6개월간 매매 금액을 27.5억 원에서 20억 원 초반대까지 조율해왔던 물건이 있었다. 건물주는 나이가 일흔이 넘은 분이었는데 빨리 건물을 팔고 싶어했다. 하지만 1층, 2층 세입자들이 있었고 임대료가 매우 낮았다. 금리가 높은 상태여서 지금 상태로는 투자자가 매입할 수 없는 조건이었다.

을지로가 점점 핫플이 되면서 지가는 계속해서 오르고 있었지만, 바로 매입할 수 있는 사람은 장사를 잘하는 자영업자밖에 없었다. 어느 날 해당 매물이 30억 원으로 시장에 나오게 되었다. 물건이 안 팔리면서 입소문이 나면서 물건이 풀리고, 비싸게 팔아주겠다는 부동산에서 올린 물건이 된 것이었다.

당황스러웠지만 한 순간에 30억 원에 팔릴 일은 없을 것이라 판단하고 을지로에 있는 로컬 부동산에 해당 물건에 대한 정보를 파악했다. 최근에 어느 자영업하는 사장님이 22.5억 원에 계약을 걸었으나, 매도자가 명도 조건에 부담을 갖고 최종 계약이 파기되었다는 소식을 들었다. 지금이 기회라고 생각하고 마침 자문의뢰를 해준 도야집 사장님에게 이 물건을 바로 소개했다.

사장님은 물건을 보며 놀라셨는데, 평소에 자기가 눈여겨

보던 건물이기 때문이었다. 자금 부족으로 포기하고 있었는데 22.5억 원까지 내려간 상황이라고 하니 바로 사고 싶다고 했다. 하지만, 명도가 불확실하면 매입이 어려웠고 자금도 부족했다.

4. 건물 매입 결정

이 건물은 대지 평수 30.6평, 매매가 21.7억(평당 7,088만 원), 연면적 28평(1층 17평, 2층 11평) 건물로 기존의 도야집 1호 점보다 약 3배 가까이 큰 규모를 갖춘 건물이었다. 장사하기에 더할나위없이 좋은 조건이었다. 주변에 대기업(CJ푸드빌, DB손해보험 등), 호텔 등의 수요도 많았고 건물 바로 뒤에는 서울영화센터가 건립 중이어서 문화관계자들의 유동도 많아질 것이었다. 점심과 저녁 장사를 모두 가능한 위치이기도 했다.

가장 중요한 것은 바로 윗블록이 '힙지로'이고, 힙지로의 상권이 확장되면서 내려올 수 있는 곳이 바로 이 블록이었다. 평일뿐만 아니라 주말 저녁 장사까지 가능한 입지였다. 그렇게 이 건물을 매입하는 것은 도야지 사장님에게 중요했다.

매매 금액을 좀 더 낮추고, 1층, 2층 명도 확정하고, 공동 투자자를 섭외해야 했다. 난이도가 있는 계약이었지만, 충분히 메리트 있는 매매가였다. 세입자 상황을 파악해 보니, 1층은 인쇄소로 10년이 넘어서 매도자가 충분히 명도를 할 수 있는 상황이었다. 2층은 와인바였는데 들어온지 3년이 되지 않았다. 상가건물 임대차보호법에 의해 7년간 영업을 할 수 있는 상태여서 명도가 어려워 보였다. 여기에서 매도자가 부담을 크게 느꼈을 것이라 생각했다.

다시 을지로 로컬 부동산에서 2층 임차인에 대한 정보를 수소문하기 시작했는데, 너무 반가운 소식이 들려왔다. 바로 2층 상가가 권리금 7천만 원에 나왔다는 소식이었다. 2층 임차인도 나가고 싶은 마음이 있다는 것을 확인했다. 2층은 매수자 명도 조건으로 계약하고 우리가 권리금을 주고 내보내는 방향으로 계획을 잡았다.

매매가 22.5억 원에 2층 권리금 7천만 원을 해도 23.2억 원이었고, 시장에 나온 30억 원보다는 매우 낮은 금액이었다. 권리금을 확보하기 위해서 매매가를 다시 한번 깎아보기로 했다.

건물주 강의를 들은 수강생분 중에 장사 잘하는 사장님과 공동투자를 해보고 싶다고 '건물에진심'에 찾아온 투자자가 있었다. 도야집 사장님의 가게를 방문하고 을지로 건물을 보고 나서는 선뜻 같이 하고 싶다는 의사를 보였다. 사장님과 투자자분은 서로 의견을 나누고 같이 투자를 하기로 결정했다. 매입 자금도 충분히 가능한 상태가 되었다. 감정평가액도 높아서 대출도 무리가 없었다.

마지막으로 계약 딜을 위해서 로컬부동산과 소통을 했는

데 뜻밖에 소식을 접하게 되었다. 매매가 21.5억에 이번주 말에 계약일이 잡혔다는 것이다.

5. 건물 계약

주변 시세 대비 확실히 낮은 금액이었고, 매입을 위한 모든 세팅을 다 해놓은 상태여서 이렇게 허무하게 놓칠 수는 없었다. 매매가 21.5억 원에서 2천만 원을 더 얹어서 21.7억 원에 내일 당장 계약을 하자고 마지막 딜을 넣었다. 21.7억 원으로 계약이 성사된다면, 권리금 몇천 더 내더라도 무리가 없었다.

모두 숨을 죽이고 기다리고 있었다. 전화 진동이 울리기 시작했다. 내일 부동산으로 나오라고 한다. 만감이 교차했다. 결국 건물의 주인은 정해져 있구나 하는 생각마저 들었다. 도야집 사장님은 너무나 감격스러워했다.

본계약에 앞서서 공동투자관련 조건들을 결정했다. 도야집 사장님과 재무적 투자자분은 5:5지분으로 건물 임대업 목적으로 신규 SPC special purpose company 법인을 설립하기로 했다.

사장님은 재무적 투자자분의 자금 없이는 매입이 어렵고, 투자자분은 낮은 임대료와 공실 부담을 갖고 건물을 매입하기 어려운 상황이었다. 서로의 부족한 부분을 보완해서 건물을 매입할 수 있는 조건들이 만들어졌다.

매도자를 설득해서 급하게 계약 자리를 잡았기 때문에,

매도자는 우리의 요구를 들어줄 생각이 하나도 없어 보였다. 명도에 대한 부분은 자리에서 협상하기로 하고 간 자리였다.

1층, 2층 명도는 무조건 매수자 조건이 아니면 계약을 안 한다는 입장이었다. 1층이 10년이 넘은 점을 고려해서 1층만 매도자 명도로 하고, 2층은 어떻게든 명도를 해보겠다고 하고 설득해서 계약서에 서명을 하게 되었다. 급하게 잡은 계약으로 개인 명의로 계약서를 작성하고, 잔금 전에 법인 명의로 변경하는 특약으로 계약서를 작성했다.

계약일 전에 2층 권리금 조율도 들어갔다. 어느 정도 금액 조정을 하고 권리금 계약일을 잡는 것까지 협상을 한 상태였다. 최악의 경우 2층 세입자분이 안 나간다고 하면 엄청난 리스크가 생기지만, 2층은 영업이 불규칙적이었고 권리금을 받는 것에 만족하는 모습을 확인해서 가능성은 낮다고 판단했다. 무리수를 둔 계약이었지만, 다행히 본계약도, 권리금 계약도 잘 진행됐다.

30대 초반 도야집 사장님은 가난을 벗어나고자 창업을 하고 가게를 늘려 나가는 과정에서 자산소득의 가치를 깨닫게 되어 방향을 틀었다. 노동소득에 그치지 않고 자산소득도 함께 가야 한다는 것을 자신이 임차한 건물의 가치가 오르는 것을 보고 뼈저리게 느끼고 실행에 옮겼다. 그리고 짧은 시간이었지만 결국 해내고 말았다.

이 책에서 전하고 싶은 메시지는 단순하다. "월세를 꼬박 꼬박 내는 자영업자도 건물주가 될 수 있다." 그리고 그것은 막연한 위로나 꿈같은 이야기가 아니다.

나와 함께 건물주가 된 사장님들도, 이 책을 처음 읽는 당신과 다르지 않았다. "내가 무슨 건물주야…." 머릿속에 "건물주"라는 단어 자체가 없었다. 근로소득, 자산소득의 개념조차 없었으며 대출은 겁나서 생각조차 하지 않았다. 그저 "열심히 살다 보면 언젠가는 좋아지겠지"라며 막연한 희망으로 하루하루를 버텨온 평범한 자영업자들이었다.

하지만 어느 순간, 자본주의의 구조를 이해하고 건물 투자에 대한 방식을 깨닫고 새롭게 방향을 잡고 실행에 옮긴 사장님들이 건물주가 되었다. 여건이 되어서 자연스럽게 건물주가 된 사람은 단 한 명도 없었다.

건물주가 되어야만 하는 이유를 명확히 인지하고 몰두했던 사장님들이 건물주가 되었다. 오히려 건물 매입의 여건이 충분했지만, 시도하지 않고 현금흐름을 위해 매장을 계속해서 늘리는 사장님도 많이 보았다. 결국 여건이 된다고 해서 건물주가 되는 것은 아니다.

오로지 의지에 의해서 결과물이 나왔다. 이 책을 보고 당장 건물을 매입하라고 하지는 않겠다. 당장 살 수 있는 자금이 확보되었다면 더할 나위 없이 좋겠지만, 그렇지 않은 상황이라면 조급해할 필요는 없다. 건물주가 되기 위한 3가지 요소인 지식/공부, 현금흐름, 보유 자금을 차근차근 준비해 나가는 것이 중요하다.

건물주는 2년 뒤에 되어도 좋고 5년 뒤에 되어도 좋다. 지금 이런 메커니즘을 이해한 것만으로도 충분히 큰 자산이다. 핵심은 방향성이다. 매출이 목표 아닌 자산화가 목표가 된다면 당신의 생각과 행동은 완전히 달라질 것이다.

나는 이미 건물도 매입해 보고 건물주 강의와 자문도 하고 있지만, 나도 아직 경제적 자유를 얻은 것은 아니다. 완벽한 경제적 자유를 얻기 위해 노력 중이고 실행 중이다. 그저 경험을 나누고, 한 사람의 인생을 바꿀 기회를 제공할 수 있음에 감사할 뿐이다.

그리고 그 여정을 함께 걸어갈 사장님들이 많아질수록,

이 일이 얼마나 의미 있는 일인지 절실히 느낀다. 많은 사장님의 꿈은 건물주이다. 꿈이란 언제든지 꿀 수 있지만, 현실이 되기 어렵다는 의미가 내포되어 있기도 하다. 반면에 절실히 이루고자 한다면, 결코 불가능한 일만은 아니다.

아이가 내게 물어본 적이 있다.

"아빠는 무슨 일을 해?"

잠시 생각한 끝에 나는 이렇게 대답했다.

"아빠는 사장님들의 꿈을 이뤄주는 일을 하고 있어."

아이가 어리둥절하던 모습이 생각난다. 나는 건물주가 된 사장님들에게 항상 하는 말이 있다.

"이 건물은 사장님이 그동안 고생한 결과물입니다. 꿈을 이룬 것을 축하합니다."

맞다. 꿈만 같았던 건물주가 된 것은 그동안의 노력과 실행이 없었다면 불가능했던 것이다. 한때는 꿈처럼 느껴졌던 일이, 결국 현실이 되는 순간을 나는 수없이 지켜봤다. 나는 10여 년 전, 마이너스 2억 원의 인생에서 시작해 건물 4채를 매입한 지금에 이르렀다. 그 여정의 중심에는 '절실함'과 '꾸준함', 그리고 '실행'이 있었다.

누구에게나 고통과 실패는 찾아온다. 나 역시 금융위기를 맞아 무너지기도 했고, 술에 의지하며 도망치던 시기도 있었다. 하지만 그때마다 나를 일으켜 세운 건, 아이와의 약속, 그리고 다시 일어서겠다는 마음의 절실함이었다.

지금 당장은 막막하고 앞이 보이질 않는 분들도 있겠지만 당신이 바꾸기로 마음먹는 그 순간부터, 현실은 서서히 변하기 시작할 것이다. 이제 당신의 첫 발걸음만 남았다. 내가 그랬던 것처럼, 절실하게, 진심으로 나아가길 바란다. 현실을 초월할 당신의 이야기를 진심으로 기대하겠다.

이 책은 내가 쓴 것이지만, 사실 이 여정은 아내와 내가 함께 만들어온 길이다. 마이너스 2억 원이라는 밑바닥에서 시작해 지금 이 자리까지 올 수 있었던 건, 내 옆에서 끝까지 함께해 준 아내가 있었기 때문이다.

나에겐 눈물버튼 노래가 있다. 가수 윤종신 님의 〈오르막길〉이라는 노래이다. 끝이 보이지 않던 오르막길에서도, 아내와 나는 서로의 손을 놓지 않고 함께 걸어 올라왔다. 함께 울고, 함께 참아내고, 함께 견디며 한 발 한 발 걸어왔다. 매일이 오르막길 같았지만, 그 길을 함께 걸었기에 포기하지 않을 수 있었다. 이 자리를 빌어 진심으로 고맙고 사랑한다는 말을 전한다.

옆집 사장님은 어떻게 건물주가 되었을까

초판 1쇄 발행 2025년 05월 28일

지은이 이창헌(돈깨비)
펴낸이 김상현

콘텐츠사업본부장 유재선
출판1팀장 전수현 **책임편집** 심재헌 **편집** 김승민 주혜란
디자인 김예리 권성민 **마케팅** 이영섭 남소현 최문실 김선영 배성경
미디어사업팀 김예은 김은주 정영원 정하영
경영지원 이관행 김준하 안지선 김지우

펴낸곳 (주)필름
등록번호 제2019-000002호 **등록일자** 2019년 01월 08일
주소 서울시 영등포구 영등포로 150, 생각공장 당산 A1409
전화 070-4141-8210 **팩스** 070-7614-8226
이메일 book@feelmgroup.com

필름출판사 '우리의 이야기는 영화다'

우리는 작가의 문체와 색을 온전하게 담아낼 수 있는 방법을 고민하며 책을 펴내고 있습니다.
스쳐가는 일상을 기록하는 당신의 시선 그리고 시선 속 삶의 풍경을 책에 상영하고 싶습니다.

홈페이지 feelmgroup.com **인스타그램** instagram.com/feelmbook